跟大师学语文

文章讲话

夏丏尊 /著
叶圣陶

中华书局

图书在版编目（CIP）数据

文章讲话/夏丏尊,叶圣陶著. —北京:中华书局,2007.8
(2024.12 重印)
（跟大师学语文）
ISBN 978-7-101-05738-6

Ⅰ.文…　Ⅱ.①夏…②叶…　Ⅲ.汉语–文章学
Ⅳ.H15

中国版本图书馆 CIP 数据核字（2007）第 092942 号

书　　　名	文章讲话
著　　　者	夏丏尊　叶圣陶
丛 书 名	跟大师学语文
封面插图	丰子恺
责任编辑	王瑞玲　周　璐
装帧设计	许丽娟
责任印制	管　斌
出版发行	中华书局
	（北京市丰台区太平桥西里38号　100073）
	http://www.zhbc.com.cn
	E-mail:zhbc@zhbc.com.cn
印　　　刷	三河市宏盛印务有限公司
版　　　次	2007 年 8 月第 1 版
	2024 年 12 月第 18 次印刷
规　　　格	开本/700×1000 毫米　1/16
	印张 12½　字数 126 千字
印　　　数	71001-73000 册
国际书号	ISBN 978-7-101-05738-6
定　　　价	28.00 元

"跟大师学语文"丛书

出版说明

这套丛书此次共收录了《文章作法》、《文话七十二讲》、《文章讲话》、《怎样写作》和《语文随笔》五本关于语文学习的指导性名著。它们的作者就是著名的语文教育大师夏丏尊、叶圣陶先生。这就是丛书名的由来。

夏丏尊先生(1886—1946)和叶圣陶先生(1894—1988)是我国著名的教育家和文学家,他们都把毕生精力投入祖国的新文化建设和教育事业之中。尤其是在上个世纪的三十年代,身为开明书店总编辑的夏丏尊先生创办了《中学生》杂志,叶圣陶先生任杂志主编。这本杂志以先进的文化思想、丰富的科学知识教育中学生,在中国语文教学方面,下力尤深,成果卓著,被几代中学生视作良师益友,在文化界、教育界和出版界有口皆碑。多年的教学实践和理性思考,使他们在中学语文教学的各个方面都有突出的建树,留下许多精彩的著作,这套丛书选录的就是其中的精粹。

《文章作法》由开明书店初版于1922年。其原型是夏丏尊先生在长沙第一师范和白马湖春晖中学的讲义稿,后经教育家刘薰宇先生(1894—1967)结合自己的教学实践修改编辑而最后成书。其特点是根据不同的文体,着重介绍语文知识和写作技巧,便于中学生提高实际写作能力。

《文话七十二讲》则源自于夏丏尊、叶圣陶先生编的《国文百八课》。上世纪三十年代,两位先生因不满当时的语文教学和使用的课本"缺乏客观具体的科学性",着手编撰了一套供初中学生使用的语文教材。因初中共六个学期,每学期上课十八周,一共一百零八周,所以这套按照一百零八周来顺序设计教学内容的课本,就定名为"国文百八课"。每一课包括"文话"(阅读写作指导)、"选文"、"文法修辞常识"和"习问"(练习和问题)四部分,形成一套完整科学的初中语文教学体系。可惜因抗日战争爆发,《国文百八课》只出版了四册,成七十二课,就不得不中断了。吕叔湘先生认为,这套课本的"最大特色"同时也是"编者用力最多的部分",就是"文话"。所以,这本《文话七十二讲》就是从《国文百八课》中抽出的单行本。用七十二个主题,分别结合阅读,主讲文章的写作方法。

《文章讲话》一书收录了夏丏尊、叶圣陶两位先生有关文章写作的十篇文字。前七篇是1935—1937年在《中学生》杂志《文章偶话》栏目中连载的;后三篇是夏先生利用1937年暑假赶写的,但因上海"八·一三"抗战爆发,而未能刊登。直到1938年,开明书店才结集出版。

《怎样写作》是叶圣陶先生有关写作的文章专集,共收录了二十一篇长短文字。他集数十年写作经验,多角度多侧面地讲述了写作成功的诀窍和失败的根源,精义迭出。

《语文随笔》则是叶圣陶先生有关中学语文教学的随笔集,共收录了十四篇文章，能够比较完整地体现叶圣陶先生关于语文教学的看法和见解。

这五本书虽然绝大部分完成于上世纪前半叶，而且篇幅都不大，但毫无疑问都是中学语文教学的经典，就像朱自清先生对《文心》的评价一样，"不独是中学生的书，也是中学教师的书"，而且常读常新，对于当前的语文教学更具有极大的启发性。经典是不会过时的。

最后需要说明的是，夏丏尊、叶圣陶两位先生写作的《文心》（开明书店1934年出版）也是应该收入此套丛书的，但因目前版权问题尚未解决，故此次出版只能暂且割爱了。

中华书局编辑部

2007 年 7 月

目　录

目 录

序

　　自从去年夏天从南中国回来，又得时常和丏尊先生会面谈天。丏尊先生非常关心中等学生的语文教育，我们谈的自然仍旧多是这方面的事，但他这时的神情已和往时大不相同，往往有一种难言的抑郁流露在语里言间。这抑郁的根源，我是明白的，并不在语文教育的本身，但我只能劝他致力语文教育的工作来排解。结果他就整理旧稿编成了这一部书。

　　他在这书里面很用过一些心。在几个问题上，如《文章的静境》、《文章的动态》、《句子的安排》、《句读和段落》，都有他独特的见解，（圣陶先生的一篇《开头和结尾》也是如此。）在其余的几个问题上，也都说得非常深入而浅出。虽然只有短短的十篇，说到的问题并不多，也不愧为语文教育上一种郑重其事的工作，我相信对于中等语文教育上一定有相当的贡献。

　　语文的教育上现在还有许多问题等候大家解决。例如读文的层次问题就是一个相当严重的。现在一篇归有光的《项脊轩志》，会选给初中学生读，也会选给高中学生读，有时也会选给大学初年级的学生读。虽然读法尽可以不相同，在读法的标准未定之间总不能不使人有漫无层次之感，而读法现在又似乎还没有确定的标准。这样漫无标准的选读，不但容易犯重复，也很容易犯深浅倒置的毛病。要去这种毛病，据我个人的意思，必须在内容和形式两方面都能够找出些条件来做层次先后的标准。在内容方面，或者可以从(1)背景的亲近不亲近，(2)需要的迫切不迫切，(3)头绪的简单不简单，这几个方面来划分先后的层次。将内容的背景比较亲近的，需要比较迫切的，头绪比较简单的列在前。在形式方面，或者可以从(1)需要的迫切不迫切，(2)结构的普通不普通，(3)规律的简单不简单，这几个方面来划分先后层次。也将需要比较迫切的，结构比较普通的，规律比较简单的列在前面，循次递进。这内容、形式两方面究竟应该有几个条件，以及应该有哪几个条件，尽可以由大家商酌决定，但必有条件才会有标准，才可以使层次有方法相当的确定。又这种条件具体地应用起来，也许很可以发生错综纠结不易解决的问题，但总比漫无标准随意安排好些。至于选读注意选文内容的背景和不注意背景，注意选文形式的规律和不注意规律，我以为简直是划分新教育和旧教育的一条鸿沟，为现今的语文教学者所不可不注意的。注意背景，语文才是历史的教授，读一篇文知道一篇文不过是一时一地的需要的反映，不见得真的可以百世以俟圣人而不惑。如果真有百世以俟圣人而不惑的东西存在，那一定不是篇中的每一字、每一句，而是这些字句和那背景的关系。注意背景的读法，不妨说是立体的读法。读文能够立体的，这才没有一文没有作用，没有正作用，也一定有反作用，而正作用和反作用之间也不愁其有冲突。这立体的读法，实际也可以应用在形式方面。形式也是历史

的。不过形式方面因袭性比较的重，可以用类推法的地方也比较的多。所以形式方面的教学，比较的重在使知类推，但又不能推出了界。要使人能够闻一知二；却又不致混二为一，才算合乎理想。这只有用科学的教授法将形式上所含的规律一一指出，而说明其所以同、所以异，才能做到这个地步。用过去与耳谋与口谋的方法，难保不会从"未之能行"类推出"卒之不踏"来的。我因为怀着这样的见解，故颇切望有不堕入形式主义的阐明语文规律之学术书陆续出现，使语文教育上严重的问题能够有一个可能解决的学术基础。

像丏尊先生和圣陶先生的这部书，不但处处说得很具体，而且还能在几个问题上披露出自己的独特的见解来的，便是我所希望陆续出现的书之一。

陈望道

一九三八年一月

序

　　前回我和圣陶因一时的兴趣合写《文心》，在《中学生》上连续登载，意外地得到好评。《文心》完结以后，就有许多读者写信来要求再续下去，来一个《文心续编》。《文心》已无兴趣再续了，读者们的要求信却老是不绝地来。为想不叫他们过于失望，于是在《中学生》里辟了《文章偶话》一栏，就文章的各方面随时写些讲话式的东西登载。我们自己约定，每年各写若干篇，每期不必全有，决勿苟且塞责，敷衍读者。

　　《中学生》登载《文章偶话》自一九三五年九月第五十七期开始，到一九三七年六月第七十六期止，共只登过七篇稿子，平均起来，要每三期才见一次。所以如此难产，一半固然是因为我们生活忙乱，一半也是因为想不苟且，太矜持了些的缘故。圣陶忙于别种写作，写得更少，只有一篇就是《开头和结尾》。

一九三七年暑假,《中学生》照例停刊两个月,我略得闲暇,就鼓起兴头赶写了三篇,打算从九月号的《中学生》起,连载几期,弥补过去的缺憾。不料"八·一三"事变突然发生,一切都变了个样子,《中学生》九月号在排印中付诸劫火,截至现在还复刊无望。这新写的几篇稿子,不知在哪一天才能叫读者读到。于是将旧稿七篇和新写的几篇合起来先行出版,改称《文章讲话》。

本书所收共止十篇讲话,当然不能说尽文章的各方面。圣陶带了一家从苏州逃难,辗转入川。读他来信,壮怀犹昔,毫不颓丧,最近且在巴蜀中学担任国文教师,关于中学国文教学,当有更切实的新收获。我虽垂老,饱经忧患,也还勉强活着,愿以余年继续文章学究的工作。只待局面好转了,《中学生》复刊了,本书一定还会有续编的,敢在这儿向读者先做下一个预约。

夏丏尊

一九三八年二月

句读和段落

从前的人写文章不加句读,不分段落。假如所写的文章有一万个字,就老老实实把一万个字连写在一起,看去好像黑漆一团。加句读,分段落,都是读者的工作。因此,古来的书有许多很不容易读,并且因了读者的见解,一句句子可以有好几种读法,结果意义大不相同。例如《论语》里的"民可使由之,不可使知之",可以读作"民可,使由之;不可,使知之"(据梁启超说)。《老子》里的"故常无欲以观其妙,常有欲以观其徼"可以读作"故常无,欲以观其妙,常有,欲以观其徼"(据释德清说)。因为作者自己不加句读,所以发生歧义,这情形和普通所说的笑话,"今年真好,晦气全无,财帛进门","今年真好晦气,全无财帛进门",没有两样。

近来的文章已流行加句读、分段落了,不但自己写的文章要加句读、分段落,并且把前人所写的文章也加

了句读、分了段落来重新印行。这不能不说是一种进步。

句读和分段的法则，普通文法书上都讲到，只要是中学程度的青年，大概都已知道了的。不过加句读、分段落，在法则上虽然说来很简单，实际运用的时候颇不容易。如果文章有技巧的话，句读法和分段法也是技巧的一部份，值得好好注意的。

先讲句读。

句读用"、"，"，"，"；"，"。"，"："等几个记号表出，古来所用的只"、"，"。"两个，近来喜欢简单的也只用"，"，"。"两个。这些记号看似没有甚么，用在文章中就成了文章的一部份，竟是有生命的会起作用的东西。为说明简单计，姑就最简单的句读记号"，"，"。"来说。"，"是表示读的，"。"是表示句的。一句完整的句子，"。"只用一个，地位是有一定的；"，"的地位和数目，往往可以不一定。例如朱自清的《背影》，开端一句，就可有几种不同的句读法：

> 我与父亲不相见已二年馀了，我最不能忘记的是他的背影。（甲）
>
> 我与父亲，不相见已二年馀了，我最不能忘记的，是他的背影。（乙）
>
> 我与父亲不相见，已二年馀了，我最不能忘记的是他的背影。（丙）
>
> 我与父亲不相见已二年馀了，我最不能忘记的是，他的背影。（丁）

这里面（甲）是依照《背影》原书的，大概是作者朱自清先生的原来的句读样子吧。（乙）以下三式是我试加的句读。这四种句读法都有人用，不过文章

的意味在各部份的强弱颇不一样。

依我的经验看来，一句句子做一气读的时候，断落的部份意味比别部份强。做两口气读的时候，有两个断落的部份，就有两部份意味加强了。现在用简单的句子来做例：

仁者人也。

仁者，人也。

第一例"仁者人也"做一口气读，"人也"部份较强。第二例"仁者，人也"做两口气读，"仁者"和"人也"两部份意味都强。因为，原来是"仁者人也"四字合成一个单位，分断以后是"仁者"为一个单位，"人也"为一个单位了。凡是断落的地方，意味都会增强，一句句子，断落的地方越多，意味增强的地方也越多。这差不多可以说是一个原则。

根据了这理由，让我们再来吟味上面所举的《背影》的文句。先就上半截说，得三式如下：

我与父亲不相见已二年馀了，（一）

我与父亲，不相见已二年馀了，（二）

我与父亲不相见，已二年馀了，（三）

（一）式只做一口气读，（二）（三）两式都做两口气读。（二）式中的"我与父亲"、"不相见"因为分断了的缘故，读起来意味都比（一）式中的强。（三）式中的"不相见"、"已二年馀了"，读起来意味也比（一）（二）两式中的强。

再就下半截说，也可得三式：

　　　我最不能忘记的是他的背影。（一）

　　　我最不能忘记的，是他的背影。（二）

　　　我最不能忘记的是，他的背影。（三）

（一）式只做一口气读，（二）（三）两式都做两口气读。（二）式中的"不能忘记的"、"是"二部份读起来比（一）式中的意味强。（三）式中的"是"字意味特别强，"他的背影"也比（一）（二）两式中的都要强。

　　就一般文法上的规定说，上面所举的《背影》文句的各种句读法，以第一种（甲）为最适当，最合论理，可是习惯上却也容许有别的句读法，（乙）以下诸式，有时也不妨使用。自古以来，颇有许多句读法不甚合论理的。例如曹孟德的诗句：

　　　月明星稀，乌鹊南飞。

普通皆用这句读法，如依照文法上、理论上说来，应该做"月明，星稀，乌鹊南飞"才对。因为句子中包含着"月明"、"星稀"、"乌鹊南飞"三部份的缘故。从来的断作四个字一节，实因它是四言诗的一部份而已。又如苏东坡《念奴娇·赤壁怀古》词句：

　　　乱石穿空，惊涛拍岸：卷起千堆雪。

向来都把"乱石穿空，惊涛拍岸"两节作为对偶，把"卷起千堆雪"作为结句。如果依文法和论理来说，"乱石穿空"与"卷起千堆雪"没大关系，和"卷起千堆雪"有关系的只是"惊涛拍岸"四字，句读应该如下：

乱石穿空；惊涛拍岸，卷起千堆雪。

可是因为它是词的一部份，有一定的句式，所以即使句读法和文法论理稍有不合，也就大家不以为怪了。

归结起来说，句读法尽可变化活用，不死守文法上、论理上的规矩。但变化活用要有目的，要合乎情境。我们自己写作的时候不妨依照自己的意思情感的重点决定文章的句读。平日在谈话上也可应用这法则把语言加以顿挫，传出自己的心情来。

以上只是就"，""。"两个句读符号说的，此外还有许多符号也都值得注意。符号的使用，在规则以外尚有技巧。这技巧要对于文章有敏感的人才能体会得到。

次讲段落。

段落和句读性质相同，都是把文章来分割的一种方法。句读是对于一句的分割，段落是对于整篇的分割。把整篇的文章分成相当的几个部份，各部份另行分写，这叫做分段。

从前人写文章只分几卷或几章，其他的小部份要读者自己用笔加斜横线或折钩来隔开。在我们父兄所读过的旧书里尚可看见许多这种笔迹。现在的作者大概都自己分好段落了。

分段的规则，最普通的是依照文章的内容。例如一篇文章，如果有一部份是总说，那么总说就成一段；一部份是分说，假如分三项，那么每项各成一段，就成三段；最后如果还有总结，那么也成一段。这样，这篇文章就该有五个段落，应该分五段来写了。这种分段法最合乎论理，为向来所采用，现在还大部份沿用着。

分段的规则说来虽不过如此，在实际运用上也和句读法一样，可有种种

的变化。有些时候,因了分段的不同,文章的意味和情调也会不同起来。现在试以归有光的《项脊轩志》为例,说明一二。这篇文章在《归震川集》里本不分段,收在普通中学国文课本里已分了段了。我所见到的一本国文课本,《项脊轩志》的分段样式如下:

项脊轩志(甲)

项脊轩,旧南阁子也。室仅方丈,可容一人居。百年老屋,尘泥渗漉,雨泽下注。每移案,顾视无可置者。又北向,不能得日;日过午已昏。余稍为修葺,使不上漏。前辟四窗,垣墙周庭,以当南日;日影反照,室始洞然。又杂植兰桂竹木于庭,旧时栏楯,亦遂增胜。借书满架,偃仰啸歌,冥然兀坐,万籁有声。而庭阶寂寂,小鸟时来啄食,人至不去。三五之夜,明月半墙,桂影斑驳,风移影动,珊珊可爱。然余居于此,多可喜,亦多可悲:

先是,庭中通南北为一。迨诸父异爨,内外多置小门,墙往往而是。东犬西吠;客逾庖而宴;鸡栖于厅。庭中始为篱,已为墙,凡再变矣。家有老妪,尝居于此。妪,先大母婢也,乳二世,先妣抚之甚厚。室西连于中闺,先妣尝一至。妪每谓余曰:"某所,而母立于兹。"妪又曰:"汝姊在吾怀,呱呱而泣。娘以指叩门扉曰:'儿寒乎?欲食乎?'吾从板外相为应答。"语未毕,余泣,妪亦泣。

余自束发读书轩中。一日大母过余曰:"吾儿,久不见若影,何竟日默默在此,大类女郎也?"比去,以手阖门,自语曰:"吾家读书久不效,儿之成则可待乎?"顷之,持一象笏至,曰:"此吾祖太常公宣德间执此以朝,他日汝当用之。"瞻顾遗迹,如在昨日,令人长号不自禁。

　　轩东故尝为厨。人往，从轩前过；余扃牖而居，久之，能以足音辨人。轩凡四遭火，得不焚，殆有神护者。项脊生曰："蜀清守丹穴，利甲天下，其后秦皇帝筑女怀清台。刘玄德与曹操争天下，诸葛孔明起陇中。方二人之昧昧于一隅也，世何足以知之？余区区处败屋中，方扬眉瞬目，谓有奇景。人知之者，其谓与坎井之蛙何异。"

　　余既为此志，后五年，余妻来归，时至轩中从余问古事，或凭几学书。吾妻归宁，述诸小妹语曰："闻姊家有阁子。且何谓阁子也？"其后六年，吾妻死，室坏不修。其后二年，余久卧病无聊，乃使人复葺南阁子，其制稍异于前。然自后余多在外，不常居。庭有枇杷树，吾妻死之年所手植也，今已亭亭如盖矣。

这分段法照一般的规则看来，原也可以通得过，可是如果细加推敲，还可有别的分段法如下：

项脊轩志（乙）

　　项脊轩，旧南阁子也。室仅方丈，可容一人居。百年老屋，尘泥渗漉，雨泽下注。每移案，顾视无可置者。又北向，不能得日；日过午已昏。余稍为修葺，使不上漏。前辟四窗，垣墙周庭，以当南日；日影反照，室始洞然。又杂植兰桂竹木于庭，旧时栏楯，亦遂增胜。借书满架，偃仰啸歌，冥然兀坐，万籁有声。而庭阶寂寂，小鸟时来啄食，人至不去。三五之夜，明月半墙，桂影斑驳，风移影动，珊珊可爱。

　　然余居于此，多可喜，亦多可悲：

先是，庭中通南北为一。迨诸父异爨，内外多置小门，墙往往而是。东犬西吠；客逾庖而宴；鸡栖于厅。庭中始为篱，已为墙，凡再变矣。家有老妪，尝居于此。妪，先大母婢也，乳二世，先妣抚之甚厚。室西连于中闺，先妣尝一至。妪每谓余曰："某所，而母立于兹。"妪又曰："汝姊在吾怀，呱呱而泣。娘以指叩门扉曰：'儿寒乎？欲食乎？'吾从板外相为应答。"语未毕，余泣，妪亦泣。

余自束发读书轩中。一日大母过余曰："吾儿，久不见若影，何竟日默默在此，大类女郎也？"比去，以手阖门，自语曰："吾家读书久不效，儿之成则可待乎？"顷之，持一象笏至，曰："此吾祖太常公宣德间执此以朝，他日汝当用之。"瞻顾遗迹，如在昨日，令人长号不自禁。

轩东故尝为厨。人往，从轩前过；余扃牖而居，久之，能以足音辨人。轩凡四遭火，得不焚，殆有神护者。项脊生曰："蜀清守丹穴，利甲天下，其后秦皇帝筑女怀清台。刘玄德与曹操争天下，诸葛孔明起陇中。方二人之昧昧于一隅也，世何足以知之？余区区处败屋中，方扬眉瞬目，谓有奇景。人知之者，其谓与坎井之蛙何异。"

余既为此志，后五年，余妻来归，时至轩中从余问古事，或凭几学书。吾妻归宁，述诸小妹语曰："闻姊家有阁子，且何谓阁子也？"其后六年，吾妻死，室坏不修。其后二年，余久卧病无聊，乃使人复葺南阁子，其制稍异于前。然自后余多在外，不常居。

庭有枇杷树，吾妻死之年所手植也，今已亭亭如盖矣。

把（甲）（乙）两种分段法比较起来，有三点不同，(1)是"然余居于此，多可喜

亦多可悲"句的位置,(2)是"余既为此志"一段与上文的分隔远近,(3)是"庭有枇杷树,吾妻死之年所手植也,今已亭亭如盖矣"句的位置。大体地说,(乙)比(甲)似乎好些。"然余居于此,多可喜亦多可悲"句是承上文而又总冒下文的,下文关于可悲的记叙既已分两段来写了,那么就不应该附在第一段之末,应该使它独立成一段才系统明白。"余既为此志"以下,是作志以后的追加附记,和前文不应并列,(乙)式空一行排列,是对的。至于"庭有枇杷树,吾妻死之年所手植也,今已亭亭如盖矣"在论理上原不必独立成一段,但独立成一段,情味较强,因为把这寥寥几句占了一单位了。这理由和句子的成份因分割而意味增强一样。

对于一篇《项脊轩志》可有(甲)(乙)两种分段的样式,如果仔细考察起来,当然还可有别的样式。(如"家有老妪"以下诸句和上文全不相关,"家有老妪"就可再另成一段。)足见分段的样式是可以变化的。我们自己写文章任凭怎样分段都可以,只是要根据两个条件:一是文法的论理的法则,二是作者心情的自然流露。有时应注重前者,有时应注重后者。

近来的文章段落逐渐在趋向于短而多的一方面,向来认为不必分段的地方,往往也分段另行写。这实是新闻文字的影响。原来,新闻纸每栏高不过二寸,每行字数不过一二十个,段落如果太长了,就要眉目不清,令人难读,所以段落愈短愈好。只要留心去读每日的新闻记载,就能发见这情形。新闻文字(Joumalism)是可以左右文章界的风气的。现代的新闻不但要求文章内容的浅显,同时还要求文章形式的简短。现今的文章在各方面大都脱不掉新闻文字的影响,分段的简短只是一端而已。

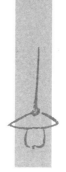

開头和结尾

　　写一篇文章,预备给人家看,这和当众演说很相像,和信口漫谈却不同。当众演说,无论是发一番议论或者讲一个故事,总得认定中心,凡是和中心有关系的才容纳进去,没有关系的,即使是好意思、好想像、好描摹、好比喻,也得丢掉。一场演说必须是一件独立的东西。信口漫谈可就不同。几个人的漫谈,说话像藤蔓一样爬开来,一忽儿谈这个,一忽儿谈那个,全体没有中心,每段都不能独立。这种漫谈本来没有甚么目的,话说过了也就完事了。若是抱有目的,要把自己的情意告诉大家,用口演说也好,用笔写文章也好,总得对准中心用功夫,总得说成或者写成一件独立的东西。不然,人家就会弄不清楚你在说甚么写甚么,因而你的目的就难达到。

　　中心认定了,一件独立的东西在意想中形成了,怎

样开头、怎样结尾原是很自然的事,不用费甚么矫揉造作的功夫了。开头和结尾也是和中心有关系的材料,也是那独立的东西的一部份,并不是另外加添上去的。然而有许多人往往因为习惯不良或者少加思考,就在开头和结尾的地方出了毛病。在会场里,我们时常听见演说者这么说:"兄弟今天不曾预备,实在没有甚么可以说的。"演说完了,又说:"兄弟这一番话只是随便说说的,实在没有甚么意思,请诸位原谅。"谁也明白,这些都是谦虚的话。可是,在说出来之前,演说者未免少了一点思考。你说不曾预备,没有甚么可以说的,那么为甚么要踏上演说台呢?随后说出来的,无论是三言两语或者长篇大论,又算不算"可以说的"呢?你说随便说说,没有甚么意思,那么刚才的一本正经,是不是逢场作戏呢?自己都相信不过的话,却要说给人家听,又算是一种什么态度呢?如果这样询问,演说者一定会爽然自失,回答不出来。其实他受的习惯的累,他听见人家都这么说,自己也就这么说,说成了习惯,不知道这样的头尾对于演说是没有帮助反而有损害的。不要这种无谓的谦虚,删去这种有害的头尾,岂不干净而有效得多?还有,演说者每每说:"兄弟能在这里说几句话,十分荣幸。"这是通常的含有礼貌的开头,不能说有甚么毛病。然而听众听到,总不免想:"又是那老套来了。"听众这么一想,自然而然把注意力放松,于是演说者的演说效果就跟着打了折扣。甚么事都如此,一回两回见得新鲜,成为老套就嫌乏味。所以老套以能够避免为妙。演说的开头要有礼貌,应该找一些新鲜而又适宜的话来说。原不必按照着公式,说甚么"兄弟能在这里说几句话,十分荣幸"。

各种体裁的文章里头,书信的开头和结尾差不多是规定的。书信的构造通常分做三部份;除第二部份叙述事务,为书信的主要部份外,第一部份叫做"前文",就是开头,内容是寻常的招呼和寒暄;第三部份叫做"后文",就是结尾,内容也是招呼和寒暄。这样构造原本于人情,终于成为格式。从前

的书信往往有前文后文非常繁复,竟至超过了叙述事务的主要部份的。近来流行简单的了,大概还保存着前文后文的痕迹。有一些书信完全略去前文后文,使人读了感到一种隽妙的趣味。不过这样的书信宜于寄给亲密的朋友。如果寄给尊长或者客气一点的朋友,还是依从格式,具备前文后文,才见得合乎礼意。

记述文记述一件事物,必得先提出该事物,然后把各部份分项写下去。如果一开头就写各部份,人家就不明白你在说甚么了。我曾经记述一位朋友赠我的一张华山风景片。开头说:"贺昌群先生游罢华山,寄给我一张十二寸的放大片。"又如魏学洢的《核舟记》,开头说:"明有奇巧人曰王叔远,能以径寸之木为宫室、器皿、人物以至鸟、兽、木、石,罔不因势象形,各具情态。尝贻余核舟一,盖大苏泛赤壁云。"不先提出"寄给我一张十二寸的放大片"以及"尝贻余核舟一",以下的文字事实上没法写的。各部份记述过了,自然要来个结尾。像《核舟记》统计了核舟所有人物器具的数目,接着说:"而计其长曾不盈寸,盖简桃核修狭者为之。"这已非常完整,把核舟的精巧表达得很明显的了。可是作者还要加上另外一个结尾,说:

> 魏子详瞩既毕,诧曰:嘻,技亦灵怪矣哉!《庄》《列》所载称惊犹鬼神者良多,然谁有游削于不寸之质而须麋了然者?假有人焉,举我言以复于我,亦必疑其诳,乃今亲睹之。繇斯以观,棘刺之端未必不可为母猴也。嘻,技亦灵怪矣哉!

这实在是画蛇添足的勾当。从前人往往欢喜这么做,以为有了这一发挥,虽然记述小东西,也可以即小见大。不知道这么一个结尾以后的结尾无非说明那个桃核极小而雕刻极精,至可惊异罢了。而这是不必特别说明的,因为

全篇的记述都暗示着这层意思。作者偏要格外讨好,反而教人起一种不统一的感觉。我那篇记述华山风景片的文字,没有写这种"结尾以后的结尾",在写过了照片的各部份之后,结尾说:"这里叫做长空栈,是华山有名的险峻处所。"用点明来收场,不离乎全篇的中心。

叙述文叙述一件事情,事情的经过必然占着一段时间,依照时间的顺序来写,大致不会发生错误。这就是说,把事情的开端作为文章的开头,把事情的收梢作为文章的结尾。多数的叙述文都用这种方式,也不必举甚么例子。又有为要叙明开端所写的事情的来历和原因,不得不回上去写以前时间所发生的事情。这样把时间倒错了来叙述,也是常见的。如丰子恺的《从孩子得到的启示》,开头写晚上和孩子随意谈话,问他最欢喜什么事,孩子回答说是逃难。在继续了一回问答之后,才悟出孩子所以欢喜逃难的缘故。如果就此为止,作者固然明白了,读者还没有明白。作者要使读者也明白孩子为什么欢喜逃难,就不得不用倒错的叙述方式,回上去写一个月以前的逃难情形了。在近代小说里,倒错叙述的例子很多,往往有开头写今天的事情,而接下去却写几天前、几月前、几年前的经过的。这不是故意弄甚么花巧,大概由于今天这事情来得重要,占着主位,而从前的经过处于旁位,只供点明脉络之用的缘故。

说明文大体也有一定的方式。开头往往把所要说明的事物下一个诠释,立一个定义。例如说明"自由",就先从"什么叫做自由"入手。这正同小学生作《房屋》的题目用"房屋是用砖头木材建筑起来的"来开头一样。平凡固然平凡,然而是文章的常轨,不能说这有甚么毛病。从下诠释、立定义开了头,接下去把诠释和定义里的语义和内容推阐明白,然后来一个结尾,这样就是一篇有条有理的说明文。蔡元培的《我的新生活观》可以说是适当的例子。那篇文章开头说:

　　甚么叫做旧生活？是枯燥的，是退化的。甚么叫做新生活？是丰富的，是进步的。

这就是下诠释、立定义。接着说旧生活的人不做工又不求学，所以他们的生活是枯燥的、退化的，新生活的人既要做工，又要求学，所以他们的生活是丰富的、进步的。结尾说如果一个人能够天天做工求学，就是新生活的人，一个团体里的人能够天天做工求学，就是新生活的团体，全世界的人能够天天做工求学，就是新生活的世界。这见得做工求学的可贵，新生活的不可不追求。而写作这一篇的本旨也就在这里表达出来了。

　　再讲到议论文。议论文虽有各种，总之是提出自己的一种主张。现在略去那些细节目不说，单说怎样把主张提出来，这大概只有两种开头方式。如果所论的题目是大家周知的，开头就把自己的主张提出来，这是一种方式。譬如今年长江、黄河流域都闹水灾，报纸上每天用很多的篇幅记载各处的灾况，这可以说是大家周知的了。在这时候要主张怎样救灾、怎样治水，尽不妨开头就提出来，更不用累累赘赘先叙述那灾况怎样地严重。如果所论的题目在一般人意想中还不很熟悉，那就先把它述说明白，让大家有一个考量的范围，不至于茫然无知，全不接头，然后把自己的主张提出来，使大家心悦诚服地接受，这是又一种方式。胡适的《不朽》是这种方式的适当的例子。"不朽"含有怎样的意义，一般人未必十分了解，所以那篇文章的开头说：

　　不朽有种种说法，但是总括看来，只有两种说法是真有区别的。一种是把"不朽"解作灵魂不灭的意思。一种就是《春秋左传》上说的"三不朽"。

这就是指明从来对于不朽的认识。以下分头揭出这两种不朽论的缺点，认为对于一般的人生行为上没有什么重大的影响。到这里，读者一定盼望知道不朽论应该怎样才算得完善。于是作者提出他的主张所谓"社会的不朽论"来。在列举了一些例证，又和以前的不朽论比较了一番之后，他用下面的一段文字做结尾：

> 我这个现在的"小我"，对于那永远不朽的"大我"的无穷过去，须负重大的责任；对于那永远不朽的"大我"的无穷未来，也须负重大的责任。我须要时时想着，我应该如何努力利用现在的"小我"，方才可以不辜负了那"大我"的无穷过去，方才可以不遗害那"大我"的无穷未来？

这是作者的"社会的不朽论"的扼要说明，放在末了，有引人注意、促人深省的效果。所以，就构造说，这实在是一篇完整的议论文。

普通文的开头和结尾大略说过了，再来说感想文、描写文、抒情文、纪游文以及小说等所谓文学的文章。这类文章的开头，大别有冒头法和破题法两种。冒头法是不就触到本题，开头先来一个发端的方式。如茅盾的《都市文学》，把"中国第一大都市，'东方的巴黎'——上海，一天比一天'发展'了"作为冒头，然后叙述上海的现况，渐渐引到都市文学上去。破题法开头不用什么发端，马上就触到本题。如朱自清的《背影》，开头说"我与父亲不相见已二年余了，我最不能忘记的是他的背影"，就是一个适当的例子。

曾经有人说过，一篇文章的开头极难，好比画家对着一幅白纸，总得费许多踌躇，去考量应该在甚么地方下第一笔。这个话其实也不尽然。有修养的画家并不是画了第一笔再斟酌第二笔的，在一笔也不曾下之前，对着白纸已经考量停当，心目中早就有了全幅的布置了。布置既定，甚么地方该下

第一笔原是摆好在那里的事。作文也是一样。作者在一个字也不曾写之前,整篇文章已经活现在胸中了。这时候,该用甚么方法开头,开头该用怎样的话,也都派定注就,再不必特地用甚么搜寻的功夫。不过这是指有修养的人而言。如果是不能预先统筹全局的人,开头的确是一件难事。而且,岂止开头而已,他一句句、一段段写下去将无处不难。他简直是盲人骑瞎马,哪里会知道一路前去撞着些什么?

文章的开头犹如一幕戏剧刚开幕的一刹那的情景,选择得适当,足以奠定全幕的情调,笼罩全幕的空气,使人家立刻把纷乱的杂念放下,专心一志看那下文的发展。如鲁迅的《秋夜》,描写秋夜对景的一些奇幻、峭拔的心情,用如下的文句来开头:

> 在我的后园,可以看见墙外有两株树。一株是枣树,还有一株也是枣树。

"还有一株也是枣树"是并不寻常的说法,拗强而特异,足以引起人家的注意,而以下文章的情调差不多都和这一句一致。又如茅盾的《雾》,用"雾遮没了正对着后窗的一带山峰"来开头,全篇的空气就给这一句凝聚起来了。以上两例都属于显出力量的一类。另有一种开头,淡淡着笔,并不觉得有甚么力量,可是同样可以传出全篇的情调,范围全篇的空气。如龚自珍的《记王隐君》,开头说:

> 于外王父段先生废簏中见一诗,不能忘。于西湖僧经箱中见书《心经》,蠹且半,如遇簏中诗也,益不能忘。

这个开头只觉得轻松、随便，然而平淡而有韵味，一来可以暗示下文所记王隐君的生活，二来先行提出书法，可以作为下文访知王隐君的关键。仔细吟味，真有说不尽的妙趣。

现在再来说结尾。略知文章甘苦的人一定有这么一种经验：找到适当的结尾好像行路的人遇到了一处适合的休息场所，在这里他可以安心歇脚，舒舒服服地停止他的进程。若是找不到适当的结尾而勉强作结，就像行路的人歇脚在日晒风吹的路旁，总觉得不是个妥当的地方。至于这所谓"找"，当然要在计划全篇的时候做，结尾和开头和中部都得在动笔之前有了成竹。如果待临时再找，也不免有盲人骑瞎马的危险。

结尾是文章完了的地方，但结尾最忌的却是真个完了。要文字虽完了而意义还没尽，使读者好像嚼橄榄，已经咽了下去而嘴里还有馀味，又好像听音乐，已经到了末拍而耳朵里还有馀音，那才是好的结尾。归有光《项脊轩志》的跋尾既已叙述了他的妻子与项脊轩的因缘，又说了修葺该轩的事，末了说：

> 庭有枇杷树，吾妻死之年所手植也，今已亭亭如盖矣。

这个结尾很好。骤然看去，也只是记叙庭中的那株枇杷树罢了，但是仔细吟味起来，这里头有物在人亡的感慨，有死者渺远的惆怅，虽则不过一句话，可是含蓄的意义很多，所谓"馀味"、"馀音"就指这样的情形而言。我曾经作过一篇题名《遗腹子》的小说，叙述一对夫妇只生女孩不生男孩，在绝望而纳妾之后，大太太居然生了一个男孩；不久那个男孩就病死了；于是丈夫伤心得很，一晚上喝醉了酒，跌在河里淹死了；大太太发了神经病，只说自己肚皮里又怀了孕，然而遗腹子总是不见产生。到这里，故事已经完毕，结句说：

　　这时候,颇有些人来为大小姐二小姐说亲了。

这句话有点冷隽,见得后一代又将踏上前一代的道路,生男育女,盼男嫌女,重演那一套把戏,这样传递下去,正不知何年何代才休歇呢。我又有一篇小说叫做《风潮》,叙述中学学生因为对一个教师的反感,做了点越规行动,就有一个学生被除了名;大家的义愤和好奇心就此不可遏制,捣毁校具,联名退学,个个人都自视为英雄。到这里,我的结尾是:

　　路上遇见相识的人问他们做甚么时,他们用夸耀的声气回答道:"我们起风潮了!"

这样结尾把全篇停止在最热闹的情态上,很有点儿力量,"我们起风潮了"这句话如闻其声,这里头含蓄着一群学生在极度兴奋时的种种心情。以上是我所写的两篇小说的结尾,现在附带提起,作为带有"馀味"、"馀音"的例子。

　　结尾有回顾开头的一式,往往使读者起一种快感:好像登山涉水之后,重又回到原来的出发点,坐定下来,得以转过头去温习一番刚才经历的山水一般。极端的例子是开头用的什么话结尾也用同样的话。如林嗣环的《口技》,开头说:

　　京中有善口技者,会宾客大宴,于厅事之东北隅施八尺屏幛,口技人坐屏幛中,一桌、一椅、一扇、一抚尺而已。

结尾说:

　　忽然抚尺一下,众响毕绝。撤屏视之,一人、一桌、一椅、一扇、一抚
尺而已。

前后同用"一桌、一椅、一扇、一抚尺而已",把设备的简单冷落反衬口技表演
的繁杂、热闹,使人读罢了还得凝神去想。如果只写到"忽然抚尺一下,众响
毕绝",虽没有什么不通,然而总觉得这样还不是了局呢。

句子的安排

句子是文章的较大的单位。文章的研究，方面很多，从一句句的句子来考察，也是重要的着手方法。

句子的构造，大家从小学时代就学习。只要是懂得文法 ABC 的人，即会知道句子的成份和构造的式样。可是文法上讲句子是以独立的句子为对象的。从文章中把一句句的句子提了出来，说明它构造怎样，属于什么句式，合乎哪些律令，哪一部份是主语，哪一部份是述语，诸如此类，是文法所讨论的项目。至于一句句子摆入文章里面去是否妥当，在甚么条件之下才合拍，是一概不管的。原来，文法上的句子和文章中的句子，研究目标彼此不同。从文法上看来毫无毛病的句子，摆入文章中去并不一定就妥帖。例如这里有两句句子：

三月廿九日七十二烈士在广州殉难。

革命军于十月十日起义于武昌。

这两句句子,在文法上是毫不犯律令的,我们如果在文章里把它连结起来,照一般的情形看,却不免有问题。

三月廿九日七十二烈士在广州殉难;

革命军于十月十日起义于武昌。……(甲)

连读起来,觉得两句句子各自独立,并未串成一气。本来有关系、相类似的事情,也像互相龃龉格格不相入了。如果把句子的式样改变,安排像下面各式,就不会有原来的毛病。例如:

三月廿九日七十二烈士在广州殉难;

十月十日革命军在武昌起义……(乙)

七十二烈士于三月廿九日在广州殉难;

革命军于十月十日在武昌起义……(丙)

乙丙两式比甲式调和,是显而易见的。由此可知,文法上通得过的句子,摆入文章中去看,因上文下文的情形,也许会通不过。要补救这毛病,唯一的方法是改变句式,使它合乎上文或下文的情形。

同是一句话,可有好几种的说法,所以一句句子可有种种的构造式样。越是成份复杂的句子,可变化的式样也越多。例如:

人来
来的是人 ⎫ 甲

猫捉老鼠
猫是捉老鼠的
老鼠是猫捉的
猫所捉的是老鼠 ⎫ 乙
老鼠被猫捉
捉老鼠的是猫

甲组句子的成份简单,可成两种句式,乙组就比较复杂,句式加多了。一组里面的句子,如果严密地吟味起来,意义并不完全一样,"人来"句是就了"人"而说他"来","来的是人"句是就了"来的"事物而说他"是人"。说话的方向、观点彼此不同,这是应该首先知道的。

依照这方法,把开端所引的两个例句改变种种的式样来看:

七十二烈士于三月廿九日殉难于广州。……(甲)

三月廿九日是七十二烈士在广州殉难的日子。……(乙)

广州是三月廿九日七十二烈士殉难的地方。……(丙)

三月廿九日在广州殉难的是七十二烈士。……(丁)

七十二烈士在广州殉难是三月廿九日。……(戊)

革命军于十月十日在武昌起义。……(甲)

十月十日是革命军在武昌起义的日子。……(乙)

武昌是十月十日革命军起义的地方。……(丙)

十月十日在武昌起义的是革命军。……(丁)

革命军在武昌起义是十月十日。……（戊）

为避繁计，上面只各写出五种句式。就这两组的句子加以吟昧，彼此结合起来的时候，最自然最便当的是甲和甲，乙和乙，丙和丙，丁和丁，戊和戊的格式。此外尚有各种错综的结合方式，如甲和乙，戊和乙等等。这些错综的句式，在平常的情形之下颇不自然妥帖，在相当的条件下才适当。例如：戊和乙的结合：

　　七十二烈士在广州殉难是三月廿九日；十月十日是革命军在武昌起义的日子。

这结合照平常的情形看来是很不自然的。如果前面尚有文句，情形像下面的时候，也并不会觉得不自然。例如：

　　"十月十日是七十二烈士在广州殉难的日子吗？"
　　"七十二烈士在广州殉难是三月廿九日；十月十日是革命军在武昌起义的日子。"

在这段对话里，本来不大适当的句子，居然也可以通得过去，并不觉得有什么勉强的地方了。从此类推开去，只要情形条件相当，任何结合方式都可用，反之，便任何结合方式都不对。换句话来说，一句句子在文章里安排得好不好，问题不只在句子本身，还要看上下文的情形或条件。

写作文章，句子的安排是一种值得留意的功夫。要句子安排得适当，第一步是各种句式的熟习。一句句子摆上去，如果觉得不对，就得变更别种样

式的句子来试,再不对,就得再变更样式来再试,直到和上下文适合才止。越是熟习句式的人越能应用这方法。犹之下棋的名手能用有限的棋子布出各种各样的阵势,去应付各种各样的局面。

句式熟习以后,能自由把句子改变种种形状了,才可以讲到安排。安排的原则是谐和。一句句子和全篇文章许多句子能不冲突,尤其和上下文能合拍,这就是谐和的现象。要分别谐和不谐和,最好的方法是读。不论是别人所写的文章或是自己所写的文章,句子上如有毛病,只用眼睛来看不容易看出来,读下去才会自然发见。我所谓读,不一定要高声唱念,低声读或在心里默读也可以。就普通人的读书习惯来说,看和默读的两种工作是在同时进行的。古人练习写作,唯一的功夫就是读,读和写有密切的关系。文章的秘奥要用读的功夫才能发掘。"吟"字的对于诗有伟大的效用是颠扑不破的事实。所谓"吟",无非最讲究最仔细的读法而已。

句子的安排以谐和为原则,谐和与否的识别方法是读。结果,所谓安排者就是调子问题。一句句子摆入文章里去,和上下文连结了读起来,调子适合的就是谐和,否则就是不谐和。关于句子的安排,自古未曾有人说过具体的方法。写文章的人在推敲时所依据的,只是笼统的个人的经验和习惯罢了。以下试就我个人平日所关心的方面,来提出几件可注意的事项。

第一,留心于句子的"单"、"排"。文章之中,有些是句句独立的,这句和那句并无关涉,每句可以读断,自成一个起讫,这叫单句。有些是几句成为一串,不句句独立,读起来几句成为一个起讫,这叫排句。例如:

> 睡了一夜,爸爸清早就跑出去。我不到学校,帮助妈妈理东西。一会儿爸爸回来了,说租定了朋友人家一间楼面,同时把搬运夫也雇了来。
>
> ——叶圣陶《邻家》

依照圈点来计算,上例共三句。句句可以独立,和旁的句子并无对待的关系。这是单句。又如:

　　他有一双眼睛,但看的不很清楚;有两只耳朵,但听的不很分明;有鼻子和嘴,但他对于气味和口味都不很讲究;他的脑子也不小,但他的记性却不很精明,他的思想也不很细密。

——胡适《差不多先生传》

这一串句子,情形就和前例不同,不能每句独立,要连读到底才能成一段落。所以中间不用"。"分割,只用";"来隔开。这就是排句。一篇文章全部是单句或排句的并不多见,普通的文章里,往往有单句也有排句。又有一种句子,性质上只是一句,可是其中有一部份的成份却包含着许多同调子的分子。例如:

　　岸上四围的橘叶,绿的,红的,黄的,白的,一丛一丛的倒影到水中来。

——冰心《给小读者·通讯七》

　　你发愁时并不一定要著书,你就读几篇哀歌,听一幕悲剧,借酒浇愁,也可大畅胸怀。

——朱光潜《谈动》

　　我的生活曾是悲苦的黑暗的。然而朋友们把多量的同情,多量的爱,多量的眼泪都分给了我。

——巴金《朋友》

这种句子,原是由排句转变来的,如果把其中的成排的成份抽出来使它一一独立,就可造成一串的排句,如"朋友们把多量的同情,多量的爱,多量的眼泪都分给了我"一句分解起来,就得下面的排句了:

> 朋友们把多量的同情分给了我;把多量的爱分给了我;把多量的眼泪分给了我。

所以形式上虽然是单句,也可做排句看。

就普通的情形说,单句间忌用同一的字面,同一的句调。整篇文章之中,要全然避去同字面、同句调,原是不可能。不过,在同一行内或附近的地方,最好不使有同字面、同句调出现,否则就不容易谐和。例如:

> 烟酒都是要中毒的。我们吸烟饮酒,如果不加节制,我们的血液就要中毒的。这是非注意不可的。
> ×君××乡人,是一个很聪明的人。他的父亲是一个工人,对他期望很殷,苦心培植他,期望他将来是一个有出息的人。

上面两个例都是逐句在文法上并无毛病,而实际不谐和的。第一例"要中毒的"见两处,句末用"的"字见三处。第二例句末用"人"字见四处,"是一个……人"见三处。只要全体通读起来,就会发现重复隔阂的缺点,补救的方法,惟有把原来重复的字面、句法改换数处。改换的方式是多种多样的,下面所列的只是其中的一种改换法:删节原文处加括弧,换字处加黑点标出:

> 烟酒都是要中毒的。我们吸烟饮酒如果不加节制,(我们的)血液

就要中毒（的）。这是非注意不可的事情。

　　╳君，╳╳乡人，（是一个）很聪明（的人）。他的父亲是一个工人，对他期望很殷，苦心培植他，（期）希望他（将来是）成为（一个）有出息的人物。

经过这样改换，原来的毛病已经除去，比较谐和得多了。

　　同字面、同句调在单句里应该力避，因了上面的引例已很明白了。可是在排句里，却不必忌用同字面或同句调。排句里面的同字面、同句调，读去并不会觉得不谐和。例如：

　　我们同住的三五个人就把白鲁威当作一个深山道院，巴黎是绝迹不去的，客人是一个不见的，镇日坐在一间开方丈把的屋子里头，傍着一个不生不灭的火炉，围着一张亦圆亦方的桌子，各人埋头埋脑做各自的功课。

　　　　　　　　　　　　——梁启超《欧游心影录楔子》

　　朋友，闲愁最苦。愁来愁去，人生还是那么样一个人生，世界也还是那么样一个世界。假如把你自己看得伟大，你对于烦恼当有不屑的看待，假如把你自己看得渺小，你对于烦恼当有不值得的看待。我劝你多打网球，多弹钢琴，多栽花，多搬弄砖瓦。

　　　　　　　　　　　　　　　——朱光潜《谈动》

上面两个例里，各有同字面、同句调，我们读起来并不觉得有甚么阻碍，仍是很谐和的。这种例子，从来的名文里可常见到，欧阳修的《醉翁亭记》每节末句都用"也"字结尾，屈原的《离骚》，结尾都用"兮"字，就是好例。总之，成排

27

的句子,字面、句调可以不嫌重复。所谓成排有各种的排法,上面所举的例都是排成一处,排句叠在上下的,其实,相隔若干距离也可成排,这时字面、句调相同也无损于谐和。例如《旧约·创世记》开端叙上帝创造万物共分六节,每节的起句都是"上帝说",结末都用"这是第×日"就是。排句里不但不忌同字面、同句调,而且还以用同字面、同句调为宜,上面所引各例如果依了单句的办法,把同字面、同句调改换,反不谐和了。

一篇文章不能全用一种样式的排句来写,有时须转换成单句或别种样式的排句。换句话说,排句也得有完结改变的时候。冗长的呆板的排列,如果不在相当的地方加以变化,读起来也很不便,有碍于谐和。从来的作者对这种方面都很注意。例如前面所引胡适的《差不多先生传》里的一段:

> 他有一双眼睛,但看的不很清楚;有两只耳朵,但听的不很分明;有鼻子和嘴,但他对于气味和口味都不很讲究;他的脑子也不小,但他的记性却不很精明,思想也不很细密。

这里面写"眼睛"和"耳朵"是同调子的,写"鼻子"和"嘴"是改变句法了,写"脑子"又改变了一次句法。倘若照开始的句法一直写下去,也并非不可以,不过究竟没有原文样的谐和。这里面有着作者的技巧。又如:

> 通计一舟,为人五,为窗八,为箬篷,为楫,为炉,为壶,为手卷,为念珠各一;对联、题名并篆文,为字共三十有四。
>
> ——魏学洢《核舟记》

这一段句子,成排而不呆板,锤炼的苦心历历可见。韩愈的那一篇《画记》,

在句子安排上是向被推为典型的作品的,可以参看。

　　句子的安排,因句子"单"、"排"而不同。这是就句子本身的性质说的。第二,应当注意的是句中所用的辞类的字数。我们的文字是方块字,可以用一个字来做一个辞儿,也可以用两个或三个、四个字来做一个辞儿,就一个"书"字说吧,英文里只有 book 一语,我们就有"书"、"书籍"、"书本"等等的说法。为了句调关系,有时可以通用,有时这里用着的,那里用了就读起来不便。例如:

　　　　你在读书吗?
　　　　书店是以刊行书籍为业的。
　　　　书本知识一出校门就无用处。

这三句话里的"书"、"书籍"、"书本"如果彼此互换,不是句调不顺,就是意义不合。这在文法上毫无理由可说,只可委之于习惯。在我国文字语言的习惯上,字数的奇偶很有问题。不论动词或名词,用在句子里,有时一个字就可以了,有时非加上一字拼成两个字就不合拍。例如:

　　　　笔砚精良,人生一乐。
　　　　闺房乐事有甚于画眉者。

"人生一乐"改作"人生一乐事","闺房乐事"改作"闺房乐",读起来都不谐和,但倘若变更字数,改成:

　　　　笔砚精良,人生乐事。

闺房之乐有甚于画眉者。

似乎就通得过去了。由此可知,每个辞儿所含的字数,和句的谐和不谐和有
重大关系。我国的辞类有许多是双字的,如:

聪明　正直　房屋　衣服　器具　事情　行为　议论　快乐　归
还　嗜好

这些辞类,都把同义字凑成双数,大部份是古来的人为了谈话和写作上的便
宜制成的。

除上面所举的同义字以外,为了调节句调起见,还有别种加字的方法。
介词"之"、"的",是常被用来做这调节的工具的。例如"王道",读去很顺口,
"先王道"就不顺口了,这时一般就加一个"之"字变成"先王之道"。"我家"
是顺口的,"我家庭"就不顺口了,这时一般就加一个"的"字,变成"我的家
庭"。此外还有种种加字的式样,如:

鞋子　　帽子　　刀子　　（加子字）

鞋儿　　帽儿　　刀儿　　（加儿字）

斧头　　件头　　话头　　（加头字）

船只　　纸张　　银两　　（加单位字）

看看　　走走　　谈谈　　（加叠字）

这些双字的辞儿,若论意义,和单字的无大不同,可是在字数上却有奇偶的
分别,因了句子的情形,有时应用单字,有时应用双字。例如:

请到我家里去坐坐。

我有事想和你谈谈。

关吏检查船只。

防止私运银两。

倘若把附加的字除去，念起来都不如原文谐和。反之，应该用单字的时候，用双字的辞儿也不妥当。

辞儿的字数可以影响到整句的字数，一句句子的字数，除诗歌韵文等外，原不必有一定的限制，但求念去读去谐和就够了。懂得字数的增减法，在造句的时候比较便宜得多。至于句的字数应怎样增减，到了怎样程度才算适当，这也说不出什么标准，唯一的方法仍是读。欧阳修的《昼锦堂记》的开端是"仕宦而至将相，富贵而归故乡"。据说当时写成的时候，是"仕宦至将相，富贵归故乡"。稿子已差人骑马送出了，经过了一会，忽然叫人用快马把那人追回，在开端两句里加添两个"而"字。这是相传的一个轶事，从来文章家对于一字增损的苦心，由此可以想见了。试取句调很好的名文一篇，逐句在文法许可的范围内，增加一字或减去一字，诵读起来就会觉得不若原来的谐和，可知原来的句子都是经过推敲，并非偶然的。

关于句子的安排，除上面所说的句式、字面和字数诸项以外，可考究的方面当然还有。并且对于这诸项，我所提出的都很粗显，并未涉及精密的探讨。有志写作文章的读者如果因了我这小小的示唆，引起兴味，留心到这些方面，也许在文章的阅读和写作上是一件有益的事。

句子的安排以谐和为原则，只合文法上的律令还是不够。话虽如此，文法上的律令究竟不失为起码的条件。凡是句子，第一步该合乎文法。古

人尽有为了谐和而牺牲文法上的律令的事,如因为字须取偶数,把"司马迁"、"诸葛亮"无理地腰斩,改为"马迁"、"葛亮"(见刘知几《史通》)。明明应该说"孤臣坠涕,孽子危心"的,因为怕平仄不谐,硬把它改作"孤臣危涕,孽子坠心"(见江淹《恨赋》)。此外如杜甫的"香稻啄残鹦鹉粒,碧梧栖老凤凰枝"(照理应是"鹦鹉啄残香稻粒,凤凰栖老碧梧枝")之类,也是为了谐和而牺牲文法的律令的好例。这种情形近乎矫揉造作,在从前的骈文和诗里也许可以原谅,依现代人的眼光看来,究竟是魔道,不足为法。这是应该注意的。

文章的省略

　　文章家向有"剪裁"、"含蓄"一类的说法，所谓"剪裁"是把无关紧要不必说的部份淘汰；所谓"含蓄"是把重要的该说的部份故意隐藏起来，或说得不显露。这两种功夫是文章家向所重视的，这里把它们包括在"省略"二字之下，来做一次考察。

　　文章是用文字记载事物、传达思想情意的，可是不幸得很，文字本身就是一种不完全的工具，无论记载事物或是传达情意，文字的力量都是很有限的。作者的本领只是利用了这不完全的文字工具把要说的话说出一部份，其馀让读者自己去补足去想像。越是聪明的作者，越知道文字并不是万能的东西，他们执笔的时候，所苦心的是怎样才能把文字使用得较有效，决不干吃力不讨好的勾当。世间的万事万物都有着无限的内容，任何一件小东西，如果要写得周遍无遗，听凭你写

几十万字也写不尽。例如写一个人的面貌吧,眼睛、鼻子、眉毛、耳朵、嘴巴、头发、轮廓、表情等,如果你仔仔细细地按了次序去写,包管你会写出无数的文字,结果必至于搁笔兴叹,叹息于文字的无用和不完备了。

> 面若中秋之月。色如春晓之花。鬓若刀裁。眉如墨画。鼻如悬胆。睛若秋波。虽怒时而似笑。即瞋视而有情。

这是《红楼梦》里描写宝玉面貌的文章,其中用着许多的"如"、"若"等比拟的麻烦手法,而且又假想到他在"怒"、"瞋"的时候的神情,这种写法对于读者总算是极忠实的了。为要使读者明白宝玉的面貌怎样,作者费了这么多的气力,其实是吃力不讨好的事情。读者读了这一串的文章,如果不自己加以补足想像,还是不明了的。

> 籍长八尺馀,力能扛鼎,才气过人。
> 高祖为人隆准而龙颜,美须髯,左股有七十二黑子。

这是《史记》写项羽写高祖的文章,对于项羽只说他身有多长、力有多大,关于面貌的话一概从略,对于高祖只说他鼻子高,脸像龙,须髯好看,左股有七十二个黑痣,关于眼睛、眉毛等等一些也不提,我们读去,也并不会嫌作者写得欠详细,照普通的见解说,反觉得比那《红楼梦》的一段来得不琐碎杂乱。

文字毕竟是力量有限的东西,作者对于文字的效力首先得加以估计,在可以生效的方面好好运用,切勿在无效的方面去瞎卖弄。与其对读者谆谆地絮说,令读者厌倦,不如信任读者的理解力、想像力,说得简略些,让读者有发见的欢喜。文章的省略,可以说就是文章技巧之一。

省略可分三种，一是字面的省略，二是意义的省略，三是事件的省略。

字面的省略，这是把文句间的可省的字尽量省去，是最初步的省略法。我十岁左右从塾师学习书信，塾师曾教我一个书信文的评判法，他说，书信中自称的"鄙人"、"弟"和称对方的"阁下"、"仁兄"等字面不可到处用，如果"鄙人"、"阁下"等字面用得触目都是，就不是好书信。这话我到现在还记得，觉得很不错。凡是可看可读的书信文，差不多都合乎这个法则的。案头有袁小修的《珂雪斋集》，把其中的尺牍选录一首做个例子。括弧内的字，是我依照了文义故意增加上去的。

（弟）自君山归来，怀想（兄）不置。（弟）老父体中已安。（弟）稍稍葺理旧业。（弟于）八月初七之日，已移亡兄灵柩入村。（弟）断肠之泣，久而愈新，奈何！承（兄）教（弟）讯扫身心如老头陀，甚善甚善。……（弟）近与苏潜夫聚首数日，商榷一番，彼此洒然凛然，恨不令兄闻之耳。曾太史体中尚未平复，（兄）所云云（弟）当转致之。

——《寄王章甫》

这里面依照文法上的规则看来，省略的地方不少。不但古人的书信文如此，近人写作的书信里也常见到这情形。如下例：

前寄一函至园，想已达览。久不见绍原，又未得来信，于昨日便道去一访，云卧病，未晤，不知系何病。独卧旅邸，颇觉可念。兄在城时，不知有暇能去一访否。并乞去后以其近状见示为感。匆匆，即颂雪佳。

"兄"字只一见，"弟"字连一个都没有。如果增加进去，当然有几处可以增

加的。

书信的读者就是受信人，彼此之间关系不致模糊，有许多字当然可以省略，上面所着眼的只是彼此的称呼方面而已。至于书信以外的一般的文章，字面的省略也极要紧。《史记·张苍传》记张苍，"年老口中无齿"，刘知几在《史通》里评它太繁，说六字之中有三字可省，改作"老无齿"就可以了。如果我们用这样的眼光去读一切文章，觉得每篇文章可省略的字面是很多很多的。"与其不自由毋宁死"可以删削为"不自由毋宁死"，"年已七十矣"可以删削为"年已七十"或"年七十矣"。因为删掉了些字面，意义并不会有甚么欠缺。

自从语体文流行以来，文言派的人动辄批评语体文冗蔓。其实我们日常所用的白话本身并不冗蔓，如果依照了日常的白话写作，决不致有冗蔓的毛病的。语体文的所以冗蔓，我以为是受了翻译文的影响。外国文和中国文习惯不同，例如英文里有"a""the"等的冠词，而中国文就没有，有些译书的把英文的"I'm gazing at the moon through a telescope"不译作"我就望远镜注视月亮"，硬译作"我注视这个月亮从一个望远镜"，字面就平空地增加了。这翻译文的影响，流行到一般的写作上，于是本来不是外国文的文章，也像是翻译文了。下面所引的是创作小说里的一节，和从来的文章相比固然繁简大异，和日常的白话相比，调子也不一样。

　　时节是阴历六月中旬的一日。微细到分辨不清的油一般的小汗粒从肥壮的章君的鼻头和颊上续续渗出，随后竟蔓延到颈际了。他睡在一间胡乱叫做书斋的房中一张藤躺椅上；照那样子看去，可以称为是午后二时光景的夏天的打盹。一只赤露的胳膊旁逸到藤椅的外侧，软软地向下垂着，那一只却弯曲在椅扶手上；两条腿和脚挺直伸出，又开来

搁在椅前的地方；那全身颇像一个三岁孩子用秃笔涂成畸形的"大"字。他蒙眬合着眼皮；那歪在椅顶枕上的发毛毵毵的脑袋，有时因为一两匹小蝇在他眼缝或嘴角的湿津津的处所吮咂的厉害，便"唔"的在梦中发出了向来不会有仇但为什么定要来烦扰的不得已的抗议，于是只得摆动一下，随即那鼻孔里似乎又有了小的鼾声了。

窗外的天空不像是可以教人看了会愉快的天空：说是夏天，总应该是清清朗朗有润凉的西南风吹送着一小片白云过来的，可以起人悠然退思的天空；可是那在四边地平线上层层叠叠堆上了还要堆上去似的隐藏在树林背后的云，不绝地慢慢向天顶推合，虽不会响着雷声，人的心里总以为"快响雷了吧"的这样沉闷暑湿的天气，所以竟使大小的蝇时刻攒围在这个有些汗臭的肉体的身旁，而且一只很大的蚊虫钉在他的屁股旁边；反应的作用使他那条大腿上的肉不时颤动。

——罗黑芷《雨前》

这两段文章，描写的忠实细致，总算费尽了气力，可是词句的拖沓、累赘也到了极度了。如果从字面上一一推敲起来，有许多是闲字，应该删汰。例如"他睡在一间胡乱叫做书斋的房中一张藤躺椅上；照那样子看去，可以称为是午后二时光景的夏天的打盹"，"一间"和"一张"都是不必要的字面，"照那样子看去"、"可以称为"也是不必要的声明，实际是在"打盹"，有什么"可以称为"、"照那样子看去"呢？"夏天的"也可省，因为上文已有"时节是阴历六月中旬"的话了。"午后二时光景"也无大意味，因为"午后二时光景的夏天的打盹"，不能成为一个熟语，说"打午盹"就够了。又"胡乱叫做书斋的房中"虽然用了许多字，意义仍不明白，如果本来不是书斋号称书斋的，那么把它加上引号写作"书斋"就行了。所以这一串文句不妨将闲字删去，改成"他

在'书斋'里藤躺椅上打午盹"。经过这样省略,和原文比较,也不见得缺少了什么效果。原文虽然增加了许多字,其实这些字用得都不大有效果的。

以上所说的是字面的省略,次之要说到意义的省略了。我们写述了一件东西或是一件事情,当然是因为自己对于那东西、那事情抱有某种意义,觉得非表达不可,才去执笔的。如写某孝子的传,当然意义在佩服某孝子;记某地名胜,当然意义在赞扬某地的风景。决不会有毫无意义漫然去写文章的作者。有时候作者要想表达某种意义,甚至于虚构了世间没有的东西或事情来写(如寓言、童话、小说等类的文章里,常有这种情形),足见意义在文章上的重要了。这重要的意义,照理应该表达得很透彻明白。可是实际的情形却不然,除论说文外,作者往往把自己所想表达的意义说得非常简略,不随处吐露,或竟隐藏起来,在全篇文章里不露一言半句,让读者自己去探索。越是高级的作品越是如此。常见有人作《义犬记》,把义犬的故事写明白了以后,结末再来把自己的意义表白清楚,说甚么:"呜呼! 如斯犬者可以风世矣。余有感其事,故记之。"或"犬尚知忠于主人,何以人而不如犬乎?"这种表达意义的方法其实很笨。聪明的作者只把所要写的东西或事情好好地写出,至于自己所怀抱的意义却竭力隐藏起来,不多说,或竟一字不说。例如:

太行、王屋二山,方七百里,高万仞。本在冀州之南,河阳之北。北山愚公者,年且九十,面山而居,惩山北之塞,出入之迂也,聚室而谋曰:"吾与汝毕力平险,指通豫南,达于汉阴,可乎?"杂然相许。

其妻献疑曰:"以君之力,曾不能损魁父之丘,如太行、王屋何! 且焉置土石?"杂曰:"投诸渤海之尾,隐土之北。"遂率子孙荷担者三夫,叩石垦壤,箕畚运于渤海之尾。邻人京城氏之孀妻,有遗男,始龀,跳往助

之；寒暑易节，始一反焉。

河曲智叟笑而止之曰："甚矣汝之不惠！以残年馀力，曾不能毁山之一毛，其如土石何！"北山愚公长息曰："汝心之固，固不可彻；曾不若孀妻弱子。虽我之死，有子存焉；子又生孙，孙又生子，子又有子，子又有孙，子子孙孙，无穷匮也；而山不加增，何苦而不平？"河曲智叟无以应。

操蛇之神闻之，惧其不已也，告之于帝。帝感其诚，命夸娥氏二子负二山，一厝朔东，一厝雍南。自此冀之南汉之阴无陇断焉。

——《列子·汤问》

《列子》据说是伪书，不知这故事的作者究竟是谁。作者写这故事，意义不消说在表达"锲而不舍的精神可以宝贵"的大道理，从全体看来，作者所写记的只是故事本身，不曾对于自己所怀抱的意义说过什么话。作者虽然不说出自己的意义，意义却很明白，对于读者，效果不但并未减少，反而深切。因为这时读者所获得的效果，是从言外自己得来的，带有发见的欢喜，悟得的自信，和作者所明白谆谆提示的情形不同。

作者抱了某种意义去写文章，不将意义尽情写出，这在作者也许是难过的事。可是从普通文章的情形看来，却是无可如何的。作者所想表达的意义，有关于整篇的题材的，也有关于部份的材料的。关于整篇的题材的意义，有许多作者因为熬不住了，往往在文章结尾或开端的地方表出，如为悲悼良友写祭文，用"呜呼×君"起或用"呜呼哀哉"结，是常见的。至于关于部份的材料如果要一一表出意义，那就不胜其烦。结果会一段叙述一段说明或论断，弄得文派杂乱不一致。试取前人名文一节，逐处添加了意义来看。例如归有光的《项脊轩志》末一段：

余既为此志，后五年，余妻来归，时至轩中从余问古事，或凭几学书。（甚乐焉。）吾妻归宁，述诸小妹语曰："闻姊家有阁子，且何谓阁子也？"（盖余妻归宁时常与诸小妹言及南阁子，诸小妹怪而问之，足见余妻之恋恋于斯室矣。）其后六年，吾妻死，室坏不修。（恐引起悲怀，不敢复居此室，故任其坏也。）其后二年，余久卧病无聊，乃使人复葺南阁子，其制稍异于前。（庶几前尘影事，免索余怀，可以安居。）然自后余多在外，不常居。（心与愿违，可叹也。）庭有枇杷树，吾妻死之年所手植也，今已亭亭如盖矣。（睹物思人，曷胜悼伤。）

括弧内的文句是我依了原文的情形胡诌了增加进去的，这对于原文，实在等于佛头着粪，大是一种冒渎。可是一般所谓作者的意义，其实就是这类的东西。经过这样画蛇添足的增加以后，在读者的眼里，文章的力量不但不增加，反会减损。因为读者已无自由探索意义的馀地了。

以上所说的是意义的省略，再次之是事件的省略。我们写述一件事情，并不要一五一十丝毫不漏地如数写述下来。有许多事情，经过很复杂，关系方面很多，或本身范围极大，要写也无从写起，如战争的实况。此外，还有许多事情在普通事情里是不便露骨地写的，如男女间秽亵的情事，杀人的惨酷的情形。幼稚的旧剧优伶往往把舞台上演不相像的事件来瞎演一阵，他们用八个"跑龙套"来打仗，"当场出彩"杀人，或描摹男女间的秽亵，甚至于恐怕演得不像，有时还要弄些"真山真水"、"真马上台"的把戏。他们自以为再忠于观客没有了，其实在聪明的观客，这些扮演却是一种苦痛的负担。文章和演剧一样，文字不是万能的东西，如果把写不像或不必写的部份也一一来硬写，结果对于读者是吃力不讨好的。聪明的作者决不干此愚事，他们先就效果着想，认为写无甚效果的部份，不重要的固然省略，就是重要的也省略。

他们只用经济的手腕,以"一笔带过"的方法,来弥缝事件和事件间的窟洞。例如下文:

　　马伶者,金陵梨园部也。金陵为明之留都,社稷百官皆在;而又当太平盛时,人易为乐。其士女之问桃叶渡、游雨花台者,趾相错也。梨园以技鸣者无虑数十辈;而其最著者二,曰兴化部,曰华林部。

　　一日,新安贾合两部为大会,遍征金陵之贵客文人,与夫妖姬静女,莫不毕集。列兴化于东肆,华林西肆。两肆皆奏《鸣凤》所谓椒山先生者。迨半奏,引商刻羽,抗坠疾徐,并称善也。当两相国论河套,而西肆之为严嵩相国者曰李伶,东肆则马伶。坐客乃西顾而叹,或大呼命酒,或移更近之,首不复东。未几,更进,则东肆不复能终曲。询其故,盖马伶耻出李伶下,已易衣遁矣。

　　马伶者,金陵之善歌者也;既去,而兴化部又不肯辄以易之,乃竟辍其技不奏。而华林部独著。

　　去后且三年,而马伶归,遍告其故侣,请于新安贾曰:"今日幸为开宴,招前日宾客,愿与华林部更奏《鸣凤》,奉一日欢。"

　　既奏,已而论河套,马伶复为严嵩相国以出。李伶忽失声,匍匐称弟子。兴化部是日遂凌出华林部远甚。

　　其夜,华林部过马伶曰:"子,天下之善技也,然无以易李伶。李伶之为严相国,至矣;子又安从授之而掩其上哉?"

　　马伶曰:"固然,天下无以易李伶,李伶又不肯授我。我今闻相国昆山顾秉谦者,严相国俦也。我走京师,求为其门卒三年。日侍昆山相国于朝房,察其举止,聆其语言,久乃得之。此吾之所为师也。"

　　华林部相与罗拜而去。

> 马伶名锦,字云将,其先西域人,当时犹称马回回云。
>
> ——侯方域《马伶传》

这篇文章里面所记的事件并不连续,有着许多的窟洞,作者用"一日"、"去后且三年"、"既奏"、"其夜"等说法,一方面把本来连续着的事件任意割取,一方面又把窟洞弥缝了。依文章所表达的内容说,马伶走京师入相国昆山顾秉谦门下为门卒,是经过三年的光阴的,应该有大大的一段经过,可是作者却全部省略,只在马伶的谈话中"一笔带过"了。如果作者用了五百字或一千字来把这段经过详叙,效果也不会比原文增加吧。没有效果的文字当然应该省略。再举一例如下:

> 唧唧复唧唧,木兰当户织;不闻机杼声,惟闻女叹息。
>
> 问女何所思,问女何所忆。女亦无所思,女亦无所忆。昨夜见军帖,可汗大点兵;军书十二卷,卷卷有爷名。阿爷无大儿,木兰无长兄;愿为市鞍马,从此替爷征。
>
> 东市买骏马,西市买鞍鞯,南市买辔头,北市买长鞭。旦辞爷娘去,暮宿黄河边,不闻爷娘唤女声,但闻黄河流水鸣溅溅。旦辞黄河去,暮至黑水头,不闻爷娘唤女声,但闻燕山胡骑声啾啾。
>
> 万里赴戎机,关山度若飞,朔气传金柝,寒光照铁衣。将军百战死,壮士十年归。
>
> 归来见天子,天子坐明堂,策勋十二转,赏赐百千强。可汗问所欲,木兰不愿尚书郎;愿借明驼千里足,送儿还故乡。
>
> 爷娘闻女来,出郭相扶将。阿姊闻妹来,当户理红妆。小弟闻姊来,磨刀霍霍向猪羊。开我东阁门,坐我西阁床。脱我战时袍,着我旧

时装。当窗理云鬓，对镜贴花黄。出门看伙伴，伙伴皆惊惶；同行十二
年，不知木兰是女郎。

　　雄兔脚扑朔，雌兔眼迷离，两兔傍地走，安能辨我是雄雌。

——《木兰诗》

这是写木兰从军的，战争当然是题材的中心部份。作者对于出征前的情形
写得很周详，对于凯旋后的光景也写得很热闹。写战争的部份却只"万里
赴戎机，关山度若飞。朔气传金柝，寒光照铁衣。将军百战死，壮士十年
归"六句，而且"万里赴戎机，关山度若飞"二句是未战以前的事，"将军百
战死，壮士十年归"是既战以后的事，真正和战事有关系的情景只有"朔气
传金柝，寒光照铁衣"十个大字。这十个大字，所表达的只是一时的战场上
的光景，并不是战争的本身。木兰从了十二年的军，这首诗又是写她的从
军的，对她作战的经过居然不着一字，这不是作者的疏忽，倒是作者的技
巧。文字不是万能的工具，如果作者用了文字想把十二年的长期的战争来
描绘来传述，结果等于旧剧伶人带了几个"跑龙套"来扮演打仗，有甚么效
果呢？

　　凡是一种事件，方面很广，内容很庞杂，作者只能选写一部份一方面，其
馀让读者自己去补足想像。有许多事件，像战争之类，不实写，表达的效果
倒反完全，挂一漏万的写出来，事件本身就倒反会有欠缺的。绘画上有"空
白"的用语，画家作画不论人物、花卉或是山水，没有把画面全体涂满的，常
空出一处或几处，这叫"空白"。画家对于空白常大费苦心，一幅画的好坏，
空白的适当与否是重要的条件。空白也是画，不是普通的白纸，这是凡能看
画的人都知道的事。文章和绘画有许多共同之点，事件的省略和空白对比
起来，不是很易明了的吗？

关于文章的省略,值得注意的事项当然还很多,这里只就字画、意义、事件三个方面说了一个大概。文章的许多法则,大之如章法布局,小之如炼字造句,差不多都和省略有关,可以当作省略的另一方面来连带考察的。

文章中的会话

在普通文章中含有会话的大概是叙述文。因为议论文、说明文和记述文普通只是作者一个人在说话,文中即使有作者以外的人物,往往没有说话的机会。

叙述文也可不含会话。我们叙一个人或一件事,即使那个人说过许多话,那件事的经过中曾有许多人说了许多话,也竟可全不用会话的方式来写。例如:"星期日下午张三跑到李四那里说:'今日天气很好,去逛逛公园好吗?'李四说:'我想买书去,还是同我上书店去吧。'张三说:'也好。'于是两人就走出校门。"这段叙述原是含有会话的,如果改写成:"星期日下午,天气很好,张三跑到李四那里邀他去逛公园。李四因想买书,叫张三同上书店,张三也赞成,于是两人就走出校门。"就没有包含会话了。再试以前人的文章为例来说,《水浒》上景阳冈一段:

　　武松在路上行了几日,来到阳谷县地面。此去离县治还远,当日晌午时分,走得肚中饥渴;望见前面有一个酒店,挑着一面招旗在门前,上头写着五个字道:"三碗不过冈。"武松入到里面坐下,把哨棒倚了,叫道:"主人家,快把酒来吃!"只见店主人把三只碗,一双筷,一碟熟菜,放在武松面前,满满筛一碗酒来。武松拿起碗一饮而尽,叫道:"这酒好生有气力。主人家,有饱肚的,买些吃酒!"酒家道:"只有熟牛肉。"武松道:"好的,切二三斤来吃酒。"店家去里面切出二斤熟牛肉,做一大盘子,将来放在武松面前,随即再筛一碗酒。武松吃了道:"好酒!"又筛下一碗。恰好吃了三碗酒。再也不来筛。武松敲着桌子叫道:"主人家,怎的不来筛酒!"……

这段文章中含有许多会话,可以把会话的形式除去,改写为普通的叙述,如下:

　　武松在路上行了几日,来到阳谷县地面。此去离县治还远,当日晌午时分,走得肚中饥渴;望见前面有一个酒店,挑着一面招旗在门前,上头写着五个字道:"三碗不过冈。"武松入到里面坐下,把哨棒倚了,叫主人取酒来吃。只见主人把三只碗,一双筷,一碟熟菜,放在武松面前,满满筛一碗酒来。武松拿起碗一饮而尽,向主人称赞酒有气力,问他有什么可饱肚的下酒物。酒家回说有熟牛肉。武松叫切二三斤来下酒。店家去里面切出二斤熟牛肉,做一大盘子,将来放在武松面前,随即再筛一碗酒。武松吃了,赞酒好,又筛下一碗。恰恰吃了三碗酒。再也不来筛。武松敲着桌子问主人怎不来筛酒。……

由此可知,叙述一个人物或一件事情,并非必须用会话,实际上作者写文章的时候,在有许多该有会话的地方也略去不记,只用自己的立脚点来作简单的叙述,例如朱自清的《背影》里:

> 到南京时有朋友约去游逛,勾留了一日。第二日上午便须渡江到浦口,下午上车北去。父亲因为事忙,本已说定不送我,叫旅馆里一个熟识的茶房陪我同去,他再三嘱咐茶房,甚是仔细。但他终于不放心,怕茶房不妥帖,颇踌躇了一会。

这段文章中,有几处原该有会话,如"父亲因为事忙,本已说定不送我"一句,原来的情形当然是用会话来表出的。也许有过"我本来想送你上车,可是还有别的事,没工夫了"的会话吧。"叫旅馆里一个熟识的茶房陪我同去,他再三嘱咐茶房,甚是仔细"的部份,当时不消说是有"茶房,托你代我送少爷上车,你代他买车票,行李共几件,当心失少……"这样的会话的,可是作者在文章中都不把原来的会话照样写下来。

叙述文遇到会话的地方,可以用会话的形式来写,也可以不用会话的形式来写。一篇叙述文中往往在有些地方用会话,有些地方虽然依情形看来原该是会话的部份,却不列会话。在文章的研究上,这是一个值得注意的方面。

原来文章中所用的会话和我们日常所说的会话是不一样的。我们每日从朝到晚,不知要说多少话,如果照样地写入文章中去,就会发生许多不妥当的毛病。第一是芜杂,譬如记主客谈话,如果从"久违了"到"再见"一连记下来,结果便要乱杂不堪,主要的意旨反而不明白。第二是不完密,实际上的会话,有时一句话可以重复颠倒,有时一句话可以不完全说出。当面谈

话,因为有表情、动作等的帮助,彼此尚不致发生误解,可是写入文章中去,读者所依据的只是白纸上的几个黑字,当然就有隔膜了。所以日常的会话并不都可成文章中的会话,日常会话要写入文章中去,有两种功夫先得做,一是要精选,二是弄明确。

会话不但是传达思想情意的东西,也是各人特色所寄托的一方面。每个人的特色,不外从会话、行动、颜相、服装等几方面显出。用文章来描写人物,行动、颜相、服装等虽都该顾及,可是究竟不易充分表现,因为文字不像绘画,无法把这些确肖地写出。文字所比较能够容易描写的只是会话。所以会话可以说是文章中描写人物最重要的工具。人物的感情、意志,要想用文字来表现,最适切的手段是利用人物自己的话。

上面曾说过,作者叙述人物或事件,可以用会话,也可以不用会话。文章中本来用会话的部份也可改去会话的形式,使成普通的叙述。其实普通的叙述只能写事件的轮廓和人物与事件的关系外形,至于人物的感情、意志是不能表现的。试看方苞的《左忠毅公逸事》:

先君子尝言乡先辈左忠毅公视学京畿,一日风雪严寒,从数骑出微行,入古寺。庑下一生伏案卧,文方成草。公阅毕,即解貂覆生,为掩户。叩之寺僧,则史公可法也。及试,吏呼名至史公,公瞿然注视;呈卷即面署第一。召入使拜夫人,曰:"吾诸儿碌碌,他日继吾志事惟此生耳。"

及左公下厂狱,史朝夕狱门外;逆阉防伺甚严,虽家仆不得近。久之,闻左公被炮烙,旦夕且死,持五十金涕泣谋于禁卒。卒感焉;一日,使史更敝衣。草屦,背筐,手长镵,为除不洁者,引入,微指左公处,则席地倚墙而坐,面额焦烂不可辨,左膝以下筋骨尽脱矣。史前跪抱公膝呜

咽。公辨其声，而目不可开，乃奋臂以指拨眦，目光如炬。怒曰："庸奴！此何地也，而汝来前？国家之事糜烂至此，老夫已矣，汝复轻身而昧大义，天下事谁可支拄者？不速去，无俟奸人构陷，吾今即扑杀汝。"因摸地上刑械作投击势。史噤不敢发声，趋而出。后常流涕述其事以语人，曰："吾师肺肝皆铁石所铸造也！"

　　崇祯末，流贼张献忠出没蕲、黄、潜、桐间，史公以凤庐道奉檄守御。每有警，辄数月不就寝，使将士更休，而自坐幄幕外；择健卒十人，令二人蹲踞而背倚之，漏鼓移则番代。每寒夜起立，振衣裳，甲上冰霜迸落，铿然有声。或劝以少休。公曰："吾上恐负朝廷，下恐愧吾师也。"

（下略）

这篇文章中用会话来写出的共有四处，左公说话的二处，史公说话的二处，用得都非常有效果。左、史二人的忠义之情，左对史的知遇之感（这些是这篇文章的主要题旨），以及当时的情形，都从这几句话里传出。如果把这些话改去，用普通叙述来写，就会失去原来的力量，减色不少。依照这篇文章的内容来看，文中人物不止左、史二人，他人也必曾有过许多会话，左、史二人所说的话也当然不止这些，可是作者所用会话写出的，却只这几处，而且只是这寥寥的几句。这里面有着作者的选择力的。惟其作者能把芜杂的话淘汰净尽，只把留剩下来的几句最重要的话写入文章中去，这几句话才能分外有力，所要写的题旨也分外显明。

　　会话在文章中占着重要的地位，叙述一个人物或一件事情，用会话的形式和用普通叙述的形式，原可任作者自由，作者所当注意的就是什么部份该用会话来写，甚么部份该用普通的叙述。有时一行会话的效果可以胜过十行叙述，有时十行会话毫无意义，徒使文章散乱，效果反不及一行叙述来得

好。再举一个例子如下：

> "这是怎么一回事？你知道这信里说些什么？"
>
> "我知道。你让我走，让我过去。"
>
> "你到哪里去？"
>
> "我不要你救我，滔沸。"
>
> "当真吗！他说的都是真的吗？——没有的事，这断不会是真的。"
>
> "全是真的。我只知道爱你，别的甚么都不顾了。"
>
> "呸！不要把这种蠢话来推托！"
>
> "滔沸——！"
>
> "你这混帐的妇人——干得好事！"
>
> "让我去——我不要你救我！我不要你把这桩罪名担在你身上！"

这是易卜生所作的戏剧《娜拉》中的一节（据潘家洵氏译本），娜拉的丈夫发觉娜拉背着他向人借款，夫妻间起口角的一个场面，这几句是口角的开始。因为是剧本，不像普通文章的有事件的说明，有动作的叙述，只以会话表现。从这些会话里丈夫的愤不可遏的神情，娜拉的屈服之中带有某种决心的态度，都活跃地可以看出来。

　　各种文章之中，会话最占地位的是剧本，次之是小说，再次之是普通的叙述文。会话的地位虽有轻重的分别，可是一样须有技巧。用会话的目的，在传出人物的神情、个性，就普通的叙述文来说，在普通叙述的时候，写一人物，是以作者的立脚点写的，换句话说，就是作者用自己的口吻把某人物介绍给读者，成为"人物——作者——读者"的关系。至于用会话来写的时候，是作者暂时把自己躲开，让人物直接说话给读者听，成为"人物——读者"的

关系了。作者在写作时所当留意的问题有两个，一是该让甚么人物在甚么
时候说话？二是该叫人物怎样说话？

关于第一个问题，上面已大致讲到，一篇叙述文中可有许多人物，并不
是每个人物都要说话，并不是每句话都要写记下来，把主要人物的主要会话
写出就够了。把平凡的空泛的话漫然写记下来，是毫无意味的。

说到这里，有一点应该注意。所谓主要的会话，乃是可以表现人物性格
或有关题旨的会话，并非一定对事件有甚么重大的关系。一串极平常的谈
话，有时可暗示人物或事件的很深刻的方面。例如：

　　"今天天气好，啊！"
　　"呃，天气真好！"
　　"明天也不会下雨吧。"
　　"呃，不会吧。"

这是极无聊的寒暄语，原无大意味的。但若写入剧本或小说里，假定有一个
人想替甲青年、乙少女撮合做媒，约双方在某处会面，男女彼此面面相觑了
做这些会话时，这些会话就是表现当时情形的好材料，一对陌生男女的羞赧
的神情完全可以由此表现，并不是闲话了。归有光的《项脊轩志》最后一段：

　　余既为此志，后五年，余妻来归，时至轩中从余问古事，或凭几学
书。吾妻归宁，述诸小妹语曰："闻姊家有阁子，且何谓阁子也？"其后六
年，吾妻死，室坏不修。其后二年，余久卧病无聊，乃使人复葺南阁子，
其制稍异于前。然自后余多在外，不常居。庭有枇杷树，吾妻死之年所
手植也，今已亭亭如盖矣。

这里面"闻姊家有阁子,且何谓阁子也?"是归妻口中传出来的妻家诸小妹的话。说话的人(诸小妹)并不重要,话的本身在表面看来也无大意味,近于闲文。作者归有光是有名的文章家,为什么会有这种闲文呢?原来这段文章是一个跋尾,题旨在纪念他的亡妻。《项脊轩志》正文作在归妻未至以前,这段跋尾是归氏在妻死后追加的。"吾妻来归,时至轩中从余问古事,或凭几学书。"这些叙述,说明归氏夫妻和这间屋子(旧南阁子)的关系,这间屋子是他们不能忘怀的地方。"吾妻归宁,述诸小妹语曰:'闻姊家有阁子,且何谓阁子也?'"由这句话里,可以窥见妻在归宁时常提到这间屋子的事,因为"阁子"是一种特别的名称,诸小妹因为常常听到,才有这样的话。这会话在这段文章里,表现着归氏夫妻间的情爱,和归氏自己对于这间屋子的眷恋,可以说是很有意义的。

用平淡无奇的会话来表现人物内心的奥秘,这种技巧在好的戏剧或小说里面是常可发见的。我们读戏剧和小说时该随处留意,领略这种会话的妙味。

第二是该叫人物怎样说话的问题。会话和叙述不同,是人物自己的口吻,不是作者的口吻。文章里所写的人物可以不一,有农工、有官吏、有小孩、有少女、有村妇、有学者,地域、时代、阶级、年龄、性格等又可各不一样,应该还他本来面目,各用适当的口吻来表现,官吏有官吏的用语,农工有农工的用语,知识分子间的"婚姻问题",叫村妇来说就不逼肖,上海、苏州一带的"白相",在北方人口头非用"逛"或"耍"不可。

　　蝌蚪成群的在水里面游泳,爱罗先珂君也常常先来访他们。有时候,在旁的孩子们告诉他说:"爱罗希珂先生,他们生了脚了。"他便高兴的微笑道:"哦!"

　　　　　　　　　　　　　　　　　——鲁迅《鸭的喜剧》

"这一次我们打得有意思。"沉默了一会之后,他又对我说了。他告诉我他的经历,在广东当兵,到过江西打共产党,后来调到南京,又调到昆山,这会儿到闸北来。打过很多的仗。这一次才打得有意思。

"我们打江西的时候,打进一个地方,一个老百姓也不见,要吃的呒吃,要住的呒住,墙头上写了许多大字:'穷人呒打穷人。'老百姓见了我们比鬼还怕。"

——适夷《战地的一日》

第一例把"爱罗先珂"说作"爱罗希珂",是在想表现小孩的口吻,第二例是记十九路军兵士的谈话的,努力保存着广东话的分子。为求会话适切起见,这种方面的留心非常重要。

从前的文章用文言写,所用的会话也都是文言,村妇、小孩在文章中也只好用"之乎者也"一套的字眼来说话,并且可使用的句读符号也很简单,只有"、""""。"两种。这对于表现上,实大不便利。例如上面所举的方苞的《左忠毅公逸事》里,左公在狱中对史可法所说的末尾几句话:

不速去,无俟奸人构陷,吾今即扑杀汝。

这会话用文言写记,在当时原是不得已的事。仔细玩味起来,就可觉得这三句话语气有不贯穿的地方,和普通的话结合情形不同。"不速去,吾今即扑杀汝"是顺口的,中间插入一句"无俟奸人构陷"很不顺口。作者在这上面似乎曾大费过苦心,故意叫它不贯穿,藉以表出当时愤怒急迫的神情。如果在句读符号完备的今日来写,就成:

　　不速去，——无俟奸人构陷！——吾今即扑杀汝！

即使仍用文言来写记，也容易表现得多了。此外，如感叹词、助词种类的增多，如注音字母的表音法，如方言的可以任意运用，都是以前未曾有过的便利。我们只要能留意，便容易写出适合人物的会话来。

文章
的
静
境

文章上描写事物，有动的和静的两种境界。这动、静两种境界，通常混合在一处。如：

> 我满腔的愤怒，再有露胸朋友那样的话在路上吧？我向前走去。
> 依然是满街恶魔的乱箭似的急雨。
> ——叶圣陶《五月卅一日急雨中》

就这几句文章中来看，前一段是动的，后一段和前一段比较，可以说是静的。"我满腔的愤怒"，"我向前走去"，固然是含有动作的说法，"再有露胸朋友那样的话在路上吧"，是作者的推想，也是一种动作的表现。"依然是满街恶魔的乱箭似的急雨"，所表出的只是当前一时的光景，并无什么动作可言。用电影的用语来

说,只是一种特写的场面而已。

以上所述的是动和静的最初步的分别,让我们再来做进一步的考察。

文章中所表现的动作,依性质细分起来可有好几种不同。

(一)文章中事物本身的动作　文章既然是描写事物的,当然有事物,这些事物的动作也就在文章中表现着。如果那文章有一部份是写作者自己的,作者本身就成了文章中的事物,所表现出来的动作,也和这性质相同。如:

　　那日正是黄梅时候,天气烦燥(静)。王冕放牛倦了,在绿草地上坐着(王冕动)。须臾浓云密布(云动)。一阵大雨过了(雨动),那黑云边上镶着白云渐渐散去(云动)。透出一派日光来,照耀着满湖通红(日光动)。湖边上山青一块,紫一块,绿一块,树枝上都像水洗过一番的,尤其绿的可爱(静)。湖里有十来枝荷花,苞子上清水滴滴,荷叶上水珠滚来滚去(水在荷上动)。王冕看了一回,心里想道:"古人说,人在画图中,其实不错。可惜我这里没有一个画工,把这荷花画他几枝,也觉有趣。"又心里想:"天下哪有学不会的事,我何不自画几枝?"(王冕动)

　　　　　　　　　　　　　　　　　　　　——《儒林外史》

　　于是携酒与鱼,复游于赤壁之下(作者动)。江流有声,断岸千尺,山高月小,水落石出(静)。

　　　　　　　　　　　　　　　　　　——苏轼《后赤壁赋》

(二)作者对于事物的感觉或解释　事物本身并不曾有动作,因了作者的感觉或解释,好像有某种动作的样子,于是把这些动作也在文章上表现出来了。如:

> 但闻四壁虫声唧唧,如助予之叹息。
>
> ——欧阳修《秋声赋》

这里面"闻"的动作为作者所发,是实在的。至于"助"的动作,完全出于作者的感觉或解释,和真正的动作性质不同。这种例子很多,如:

> 平林漠漠烟如织,寒山一带伤心碧。
>
> ——李白(菩萨蛮)
>
> 数峰清苦,商略黄昏雨。
>
> ——姜夔《点绛唇》

所谓"织"、"商略",都是作者的感觉或解释,作者为了要写出某种情感,不但费了许多苦心去选择适当的事物,还给事物加了自己所需要的色彩。这种描写方法在诗词里常常可碰到。

文章中的动的境界,似乎不出上面的两种,一是文章中的事物自己在那里动作;一是事物本身并无动作,作者因了某种感觉或解释,赋给它一种动作。如果分别起来,前一种可以说是动境;后一种可以说是静境,因为事物本身原无动作,那动作是作者故意赋给它的。

上面两种境界,句子里都含有动词,不论那动作是事物本身的或作者赋给的。文章中尚有一种句中只有形容词不见一个动词的描写法。这境界更静了。如前例中的

> 寒山一带伤心碧。
>
> 数峰清苦。

都没有动词,只有"寒"、"伤心"、"碧"、"清"、"苦"等类的形容词。这些形容

词也是作者的感觉或解释。作者因了自己的情感,任意地把事物来做各种各样的形容修饰。同是对于风,心绪爽朗的时候可以说"飘飘",阴惨的时候可以说"萧萧"或"飒瑟",目的就在想借了这些字面来表达自己所要表出的情感。这些加形容的静的景物,在文章中有着烘托的力量,利用得好可以收到画面的效果。如:

> 风萧萧兮易水寒,壮士一去兮不复还。
>
> ——《渡易水歌》
>
> 枯藤老树昏鸦,小桥流水人家,古道西风瘦马,夕阳西下,断肠人在天涯。
>
> ——马致远《天净沙·秋思》

第一例上句没有动词,是静境,第二例前三句没有动词,每句只有三个加了形容的名词叠在一处,也是静境。作者在这些景物上除加形容词外不曾表示甚么意见,有甚么做作,可是对于文章全体却有很大的效力,从文章全体看来,并不是闲文字。试把这些静的景物除去或更换别的,就会失掉文章原来的情味。

静境之中还有更进一步的,作者不但不依照自己的情感赋给事物以动作,也不给事物擅加形容和修饰,不但没有动词,连形容词也不漫然使用,只照事物本来的名称写在文章中就算,结果所写出的只有寻常的事物名。这种描写的方法在诗词里很多,如:

> 鸡声茅店月,人迹板桥霜。
>
> ——温庭筠《商山早行》
>
> 春去也,归来否? 五更楼外月,双燕门前柳。人不见,秋千院落清明后。
>
> ——赵闻礼《千秋岁》

这里写景物，完全是景物和景物的排列，把许多景物如"鸡声"、"茅店"、"月"摆在一处，"双燕"、"门前"、"柳"摆在一处，此外作者并未有什么说明，事物本身的动作也丝毫没有，可以说是静境的极致了。作者赋给事物以动作，或给事物加上合乎自己情感的形容词。在那些文章里，显然露出作者的主观，换句话说，就是从文章里可以找得出作者的影子的。到了只有事物名称的时候，作者的影子已完全躲闪干净，他只选了几种可以暗示某种情感的事物，巧妙地加以排列，用字面写记出来，让读者自己去领略他所发抒的情感。这种技巧是值得注意的。

用静的事物来示唆情感的描写方法，诗歌中最多，小说中也有，普通散文中似乎并不多见。龚自珍的《记王隐君》的末段好像应用这方法。原文不长，把它全录在下面：

　　于外王父段先生废簏中，见一诗，不能忘。于西湖僧经箱中，见书《心经》，蠹且半，如遇簏中诗也，益不能忘。

　　春日，出螺师门，与轿夫戚猫语。猫指荒冢外曰："此中有人家。段翁来杭州，必出城访其处。归，不向人言。段不能步，我异往。独我与吴轿夫知之。"循冢得木桥，遇九十许人，短褐曝日中。问路焉，告聋。予心动，揖而徐曰："先生真隐者。"答曰："我无印章。"盖"隐者"与"印章"声相近。日晡矣，猫促之，怅然归。

　　明年冬，何布衣来，谈古刻，言："吾有宋拓李斯琅邪石。吾得心疾，医不救。城外一翁至，言能活之。两剂而愈。曰：'为此拓本来也。'入室，径携去。"他日，见马太常，述布衣言。太常俯而思，仰而掀髯曰："是矣是矣！吾甥锁成，尝失步，入一人家。从灶后湫户出，忽见有院宇，满地皆松化石。循读书声速入室，四壁古锦囊，囊中贮金石文字。案有

59

《谢朓集》，借之，不可，曰：'写一本赠汝。'越月往视，其书类虞世南。曰：'蓄书生乎？'曰：'无之。'指墙下锄地者：'是为我书。'出门，遇梅一株，方作华，窃负松化石一块归。若两人所遇，其皆是与？"

予不识锁君，太常、布衣皆不言其姓，吴轿夫言仿佛姓王也。西湖僧之徒取《心经》来，言是王老者写。参互求之，姓王何疑焉？惜不得锄地能书者姓。

桥外大小两树，依倚立，一杏，一乌柏。

这末尾的"桥外大小两树，依倚立，一杏，一乌柏"数语，很突兀，可是意境却很丰富。第一，可以窥见作者"不能忘"的依恋情怀，和重来寻访的热意。第二，可以表出隐士所居地的幽邈自然。第三，文中记着两个异人，一是"王老者"，一是"锄地能书者"，所谓"大小两树，依倚立"云云，也许就可作为并耕偕隐的象征。是非常耐人寻味的文字。

依上所说，文章中的描写有动静二境，静境之中又可分为三种：（一）是作者赋给事物以动作的，（二）是作者给事物加上了形容修饰的，（三）是不赋给动作，也不任意附加形容修饰，只把事物的名称关联了写记的。这三种静境，对于文章全体都有背景或画面的效力。描写静境对于表达情感是有效的手段。在这里，我们碰到了事物和情感的关系的问题了。

我们自有生以来，直接、间接地经验过许多事物，每次和事物接触的时候，就生一种情感，结果这一种情感就和事物联结在一处，只要一提到那事物的名称，某种情感就引来了。我们从经验知道"血"是可怕的，一听到"血"字就会起恐怖之情；知道"花"是美丽的，一提到"花"字就会起美丽之感。花的谢落，在经验上是觉得可惜的，于是"落花"一语就带了惆怅的情味。事物可以寄托情感，结果那表达事物的字面也含有寄托情感的力量了。所以，文

字并不只是白纸上的点画撇捺,俨然是个有生命的东西。事物所寄托的情感因人的感觉锐敏与否,原可有多少的差异,最大的差异倒在经验(不论直接的或间接的)的多寡。对于荆棘的实物,不论识字的或不识字的,所发生的情感大概差不多,用字面表示出来,只要是识得这"荆棘"二字的就会引起同样的情感。可是"荆棘铜驼",在未从书本上的间接经验懂得这典故的人,就不会起"荒凉"、"感慨"等等的情感了。

事物和情感既有如此密切的关系,事物的名称本身就可利用了来暗示情感,因此之故,文章中在描写一桩事件的时候,常常有牵涉到别的和本文不大有关的事物的事。本文在说"壮士一去兮不复还",却先说甚么"风萧萧兮易水寒";本文是要说"有人楼上愁"(李白《菩萨蛮》),却先说甚么"平林漠漠烟如织,寒山一带伤心碧"。作者的目的都在利用景物做背景,来烘托自己所描写的情感。

文章中利用别的事物做背景的方法有两种,一是选取和自己所想表现的情感一致的,如写悲哀的情感的时候,用可悲的事物来附加进去;一是选取和自己所想表现的情感反对的,如写寂寞的情感的时候,故意兼写热闹的场面。白居易的《长恨歌》写玄宗还宫以后悼亡的悲怀,利用各种各样的事物。试取一节为例:

> 归来池苑皆依旧,太液芙蓉未央柳。芙蓉如面柳如眉(以上反用),
> 对此如何不泪垂? 春风桃李花开日(反用),秋雨梧桐叶落时(正用)。

以上所述,都是关于静境的。其实,既承认事物可以暗示情感,只要是用到事物的地方,都可用同样的眼光去对付,不必拘泥于是静境不是静境。文章里的字面往往可以决定文章的内容。试观下例:

> 海潮东来,气吞江湖。快马斫阵,登高一呼。如波轩然,蛟龙牙须。
> 如怒鹊起,下盘浮图。千里万里,山奔雷驱。元气不死,乃与之俱。
>
> ——郭麟《词品·雄放》

这是描写"雄放"的情感的,其中有静境,也有动境。如果把里面所有事物的名称一一摘出来,如"海潮"、"江湖"、"快马"、"阵"、"波"、"蛟龙"等等,在字面上都能引起雄健奔放之情感。这是当然的,因为作者对于这些事物曾经依了自己的目的严加选择,字面上所发生的效果并非偶然。

纯粹静境的描写以诗词中为多,至于不论动、静,用一般事物名称来诱致情感的方法,寻常散文里当然可以普遍应用。例如:

> 当时黛玉气绝,正是宝玉娶宝钗的这个时辰。紫鹃等都大哭起来。
> 李纨、探春想他素日的可疼,今日更加可怜,便也伤心痛哭。因潇湘馆
> 离新房子甚远,所以那边并没听见。一时,大家痛哭了一阵,只听得远
> 远一阵音乐之声,侧耳一听,却又没有了。探春、李纨走出院外再听时,
> 惟有竹梢风动,月影移墙,好不凄凉冷淡。
>
> ——《红楼梦》第九十八回

这不消说是一段悲哀的文章,从来不知道曾有多少读者下过眼泪。试把其中所用的字面检查起来,可以发见有许多事物名得很有效果。如"宝玉娶宝钗的这个时辰"、"素日的可疼"、"今日"、"新房子"、"远远一阵音乐之声"、"竹梢"、"月影",有的正用,有的反用,安排得很好。这段文章的所以能教唆读者引起悲怀,大半的原因恐怕就在于这些字面上。

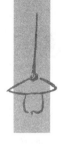

文章的动态

前回写过一篇《文章的静境》，连类所及，现在讲文章的动态。《文章的静境》里所讲的是文章中不用动词的部份，讲文章的动态，不消说所关涉的是用动词的部份了。

动词原是用来记述事物的动作的，但只是记述动作，并不一定就会有动态。文章的工具是文字语言。文字语言只是一种符号，和事物本身的情形不同。事物的动作如果只用文字语言记述下来，未必就能在读者听者心里引起动作的印象。例如说"花落""鸟啼"，只是一种事物动作的记述，并不就能叫读者听者感觉到"花在怎样落""鸟在怎样啼"的光景，换句话说，记述事物的动作，并不就可算表达了事物的动态。

就许多艺术看来，戏剧以外，真能表达事物的动态

的是电影,此外如绘画、雕刻、文章等都不及电影的便利。这是艺术工具各不相同,本身性质使然,无可如何的事。电影的所以能充分表达事物的动态,不外乎连续和展进两个原因。电影本身原是一张张的连续照片,因为转动得相当快速,观者眼里前一张照片的残象尚未消失,第二张照片又映到眼里来了。这样连续进行,于是观者觉得事物在那里动,完全看到了事物的动态。把文章来比电影,究竟望尘莫及。不信,试到电影院去,把看电影和看电影故事说明书的印象双方对照一下就可明白。电影故事说明书是依照了所放映的电影内容编写的,所用的工具就是文字语言,你看比电影相差多远呢?

可是,除了电影以外,比较可以表达事物的动态的还要推文章。绘画、雕刻在这点上更比文章不如。原因是绘画、雕刻是展开在一时的,看去一目了然。文章以文字语言为工具,文字语言虽写在纸上或只是一种声音,却可以叫人一字一句地读去、听去,逐渐理解,保持住若干的连续性、展进性,不像绘画、雕刻的在最初就全体展开在观者眼前,丝毫无连续展进可言。《虬髯客传》是用文字语言写的,读去虽不及看电影,却可以知道事情先是怎样,后来怎样,结果怎样,是连续的、展进的。可是绘画或雕刻呢,只能表达一个场面,如我们常见到的《风尘三侠图》就是。论其位置,在电影里只是一小段中的一张片子罢了。

由此可知,文章是可以表达事物的动态的,表达动态,最便利的是电影,要在文章上表达动态,似乎也可应用电影的原理归纳出几个原则来。

以下把事物的动作分做两类来加以考察,(一)是连续的动作,(二)是片段的动作。凡是动作,原都前后连续着,可是在文章里有只记述一个动作的,也有把两个以上的动作顺次记述。如"花落"、"鸟啼"各记述一个动作"落"、"啼",属于片断的动作。"举杯邀明月"把"举"和"邀"两种动作连续

着,先"举"后"邀",属于连续的动作。试再看下例:

> 孺人之吴家桥则治木棉,入城则缉纻,灯火荧荧,每至夜分。外祖不二日使人问遗,(孺人不忧米盐,乃劳苦若不谋夕。)冬月炉火炭屑,使婢子为团,累累暴阶下。……儿女大者攀衣,小者乳抱,手中纫缀不辍。
>
> ——归有光《先妣事略》

> 我看见他戴着黑布小帽,穿着黑布大马褂,深青布棉袍,蹒跚地走到铁道边,慢慢探身下去,(尚不大难,可是他穿过铁道要爬上那边月台,就不容易了。)他用两手攀着上面,两脚再向上缩;他肥胖胖的身子向左微倾,显出努力的样子。这时我看见他的背影,我的泪很快地流下来了。我赶紧拭干了泪,(怕他看见,也怕别人看见。)我再向外看时,他已抱了朱红的橘子望回走了。过铁道时,他先将橘子散放在地上,自己慢慢爬下,再抱起橘子走。过这边时,我赶紧去搀他,他和我走到车上,将橘子一股脑儿放在我的皮大衣上,于是扑扑衣上的泥土,心里很轻松似的。
>
> ——朱自清《背影》

上面两段文章,有一部份是作者的解释,不是事物本身的动作,特用括弧为记。除此以外都是记动作的了,第一例各种动作有许多是不连续的、片段的,第二例是连续的。

现在先讲连续的动作。连续在电影里原是一个重要的条件,电影的所以能表达动态,就一半靠有连续。连续越紧凑越能表达动态。平剧《乌盆记》丑角张别古有一段说白,听去很有动态的,现在录在这里:

　　我搁下了盆,放下了罐,拿起钥匙,通开了锁的屁股门,推开了门,拿起了盆,进了门,搁下了盆,放下了罐,关上了门,拿起床来顶上了门。

这段说白的所以有动态,句式构造的流利和用韵,也许亦是原因之一,但最大的原因就是动作连续的紧凑。用电影上的话来说,就是在观者网膜上留着前片残象的时候,再接上一张片子去。

　　为要保持动作的连续紧凑,文章上常用着种种方法。下面两种是最普通的。

　　(甲)利用短促的句逗。繁长的词句,念去、看去都费时间,接续起来,前动作的残象容易在念头上消去,前印象和后印象的连续,就不紧凑。若用短促的句逗,可以免掉这缺陷。所以从来描写动态的文章十之八九都是用短句逗的。如:

　　轲既取图奏之,秦王发图,图穷而匕首见。因左手把秦王之袖,而右手持匕首揕之,未至身。秦王惊,自引而起,袖绝。拔剑,剑长,操其室。时惶急,剑坚,故不可立拔。荆轲逐秦王,秦王环柱而走,群臣皆愕。(卒起不意,尽失其度。而秦法:群臣侍殿上者不得持尺寸之兵,诸郎中执兵皆陈殿下,非有诏召不得上。方急时不及召下兵,以故荆轲乃逐秦王,而卒惶急无以击轲,而以手共搏之。)是时侍医夏无且以其所奉药囊提荆轲也。秦王方环柱走,卒惶急不知所为,左右乃曰:"王负剑!王负剑!"遂拔以击荆轲,断其左股。荆轲废,乃引其匕首以擿秦王,不中,中铜柱。秦王复击轲,轲被八创。

　　　　　　　　　　　　　　　　　　——《史记·刺客列传》

项王至阴陵，迷失道，问一田父。田父绐曰："左。"左，乃陷大泽中。

——《史记·项羽本纪》

这都是叙述动作的典型的文章，句逗何等简洁、迫促。有两三个字成句逗的，还有以一个字为句逗的。第一例的用"而"字的地方，特别值得注意。上下两种动作用"而"字连结起来的时候很多。如：

齐侯游于姑棼，遂田于贝丘，见大豕。从者曰："公子彭生也。"公怒曰："彭生敢见？"射之，豕人立而啼。公惧，坠于车，伤足，丧屦。反，诛屦于徒人费，弗得，鞭之见血。走出，遇贼于门，劫而束之。费曰："我奚御哉？"袒而示之背，信之。费请先入，伏公而出，斗死于门中。

——《左传·庄公八年》

这段文章中有四处用着"而"字，"而"字上下的两种动作都是连续的。语体里的"了"字，有时也有这种功用，如说"吃了饭上车"，"吃饭"和"上车"就有连续关系了。用"而"字或"了"字的句逗虽较长，其实是两个句逗的连合，如"袒而示之背"，可以除去"而"字，分成"袒"、"示之背"两个句逗，"吃了饭上车"，可以除去"了"，分成"吃饭"、"上车"两个句逗。这种用"而"、"了"的句逗，虽然多加了一个字，仍不失短句逗的功用。

（乙）提示短迫的时间。动作和动作间的时间相隔越小，越能表出连续的紧凑。电影里影片的转动可以快慢自由，容易做到任意的时间距离，文章上对于这一点，则有提示时间的办法，声明动作和动作间的时间距离多少。

在描绘动态的文章里,这时间往往声明得很短。如:

仰视浮云驰,奄忽互相逾。

——李陵《答苏武》

手执生绡白团扇,扇手一时如玉。

——苏轼《贺新郎》

应把花卜归期,才簪又重数。

——辛弃疾《祝英台近》

探春,紫鹃正哭着叫人端水来给黛玉擦洗。李纨赶忙进来了,三个人才见了不及说话,刚擦着猛听黛玉直声叫道:"宝玉,宝玉,你好!……"说到"好"字,便浑身冷汗,不作声了。

——《红楼梦》第九十八回

这类提示时间短迫的方式很多很多。普通文章上用"忽"、"于是"、"遂"、"即"、"未几"、"顷之"、"同时"等字语的地方都在利用这技巧。旧小说里的所谓"正……时"、"说时迟,那时快",也是表明时间相隔极短的。此外还有许多限制时间的方法,如"一"字在语体里往往被用到动词上来表达动作经过的快速。例如:

那大虫又饥又渴,把两只爪在地上略按一按,和身望上一扑,从半空里撺将下来。武松被那一惊,酒都做冷汗出了。说时迟,那时快,武松见大虫扑来,只一闪,闪在大虫后背。

——《水浒传》第二十三回

诸如此类的方法,说也说不尽,只要在读文字听言语的时候随时留意,自然还可有所发见。要之,文章中所写的动作如果是连续的,应保持它的连续的紧凑。上面所举的各种方法,目的都无非为图动作的连续紧凑而已。

以下再讲片段的动作。连续的动作是有两个以上的动作连续在一处的,这动作和那动作间天然有着前后的时间关系,仅只动作和动作,已呈露出连续和展进的形式,本身就是动的。如说"举杯邀明月","举"和"邀"两个动作是连续的,展进的。若只说"举杯"或"邀明月",就成片段的动作,"举"只是"举","邀"只是"邀",本不连续,更无展进可言。这只能说是动作的记述,不能表达动态。

让我们再来说电影。"举杯"、"邀明月"这两个动作,在文章里是片段的,在电影里却是连续的。假定从桌上举起杯子来,举到二尺高,电影里就有好几张片子来表达。对于"邀"的动作,亦应有好几个姿势,用好几张片子来表达。如果是有声电影,还可用声音来做表现动作的帮助,动态仍能完全表达的。文章中对于片段的动作要想表达动态,也得应用电影的方法。

(丙)分析动作的顺序步骤。事物的动作虽只有一种,如果分析起来,自有着许多顺序步骤,从这些顺序步骤里也可看出连续和展进来。说"花落"是片段的动作,说"花片片地落",是带说着"落"的顺序步骤,是连续的展进的。后者较之前者,容易叫人引起动的幻觉,容易表达动态。这方法被许多文章家运用着,如:

兵入,以戈刺床下,数刺,数抵其隙。

——王猷定《钱烈女墓志铭》

一杯劝一杯，沉沉虎竟醉。……一刀初刺虎犹纵，三刀四刀虎不动。

——袁枚《费官人刺虎歌》

军书十二卷，卷卷有爷名……愿为市鞍马，从此替爷征。东市买骏马，西市买鞍鞯。南市买辔头，北市买长鞭。

——《木兰诗》

见渔人，乃大惊。问所从来，具答之。……村中闻有此人，咸来问讯。……此人一一为具言所闻，皆叹惋。余人各复延至其家，皆出酒食。……既出，得其船，便扶向路，处处志之。

——陶潜《桃花源记》

（丁）摹写从动作得到的感觉。事物在动作的时候对于我们的感官给予各种各样的感觉，把这感觉扼要地记述出来，也是传出动态的一种方法。为了要表达动态，与其说"金鱼在玻璃缸中游行"，不如说"金鱼在玻璃缸中闪烁着红光"；与其说"天打雷了"，不如说"天隆隆地打雷了"，来得动人。前者只是片段的动作的记述，后者比较能表现动态。在我们的感觉当中，文章上最被采用的是视觉和听觉，尤以用听觉为最便利、最直捷。例如：

伐木丁丁，鸟鸣嘤嘤。

——《诗经·伐木》

哗啦啦打罢了头通鼓。

——平剧《珠帘寨》

唧唧复唧唧，木兰当户织。

　　　　　　　　　　　——《木兰诗》

适有大星，光煜煜自东西流。

　　　　　　　　　　——程敏政《夜渡两关记》

船尾跳鱼拨剌鸣。

　　　　　　　　　　　——杜甫《漫成一绝》

　　写片段的动作，要想表达动态，上面的两种方法是可用的。这两种方法不但在片段的动作上可用，也可用在连续的动作上。因为在连续动作之中，把某一种动作抽出来看，就是片段的动作了。

　　（甲）、（乙）、（丙）、（丁）四种方法，并不各自独立的，前面把它分项叙述，只是谋了解上的便利而已。这几种方法在文章里往往被参互夹杂使用。试看下例：

　　那大虫又剪不着，再吼了一声，一兜兜将回来。武松见那大虫复翻身回来，双手轮起哨棒，尽平生气力，只一棒，从半空劈将下来。只听得一声响，簌簌地将那树连枝带叶劈脸劈将下来。定睛看时，一棒打不着大虫，正打在枯树上，把那哨棒折做两截，只拿一半在手里。那大虫咆哮性发起来，翻身又只一扑扑将来。武松又只一跳，却退了十步远。那大虫却好把两只前爪搭在武松面前。武松将半截棒丢在一边，两只手就势把大虫顶花皮胳膊地揪住，一按按将下来。

　　　　　　　　　　　——《水浒》第二十三回

在这段文章里（甲）、（乙）、（丙）、（丁）四种方法都用到，并不只限定用某一种。

文章的动态，这题目如果从各方面来探讨，当然尚有不少可以发掘的地方。本文所说的，只是我个人的浅陋的考察的结果。

所谓文气

　　前人论文章，常提出"文气"的一个名词。学校里的国文教员批改学生的文课，也有"文气畅达"或"气势欠流利"等类的评语。所谓"文气"，究竟是甚么？

　　凡是称为"气"的东西，都是不可捉摸的。中国医学上讲到"气"，理学上也讲到"气"，讲得都很玄妙、神秘，似可懂，似不可懂。从来文章家关于文气，也有种种说法，可是都说得并不具体。

　　本篇谈文气，想摆脱从来的玄妙、神秘的态度，做个比较具体的说明。在未入正文之前，试先把"气"字的解释来规定，我想把文气的"气"解释做俗语所谓"一口气"、"两口气"的"气"。文气这东西，看是看不出的，闻也闻不到的，唯一领略的方法，似乎就在用口念诵。文章由一个个的文字积累而成，每个文字在念诵时所占的时间，因情形不同而并不一致相同。假如这里有

甲、乙两段文字,甲段是若干个字,乙段也是若干个字,我们念诵起来往往会快慢不同,例如:

> 饮马渡秋水,水寒风似刀。平沙日未没,黯黯见临洮。　昔日长城战,咸言意气高。黄尘足今古,白骨乱蓬蒿。(甲)
>
> ——王昌龄《塞下曲》
>
> 国破山河在,城春草木深。感时花溅泪,恨别鸟惊心。　烽火连三月,家书抵万金。白头搔更短,浑欲不胜簪。(乙)
>
> ——杜甫《春望》

这两首五言诗,同是八句,字数同是四十个,我们念诵起来,觉得(甲)快(乙)慢,假如(甲)的念诵时间是十五秒钟,(乙)的念诵时间就要十五秒以上。这理由全在句式的情形不同,(甲)例的五言句并不每句都完成一个意义的,如:

> 平沙日未没,黯黯见临洮。
> 昔日长城战,咸言意气高。

要两句合起来才完成一个意义,单独说"黯黯见临洮"、"咸言意气高",是不成话的。虽然两句,要一口气去念诵,中间不能停顿过多,所以念诵起来就快了。至于(乙)例,除末两句外,都是可以每句自成一个意义的,如:

> 国破山河在。
> 城春草木深。

烽火连三月。

家书抵万金。

每句各有一个完成的意义。如果分析起来,像"国破山河在"可以说有两个
意义,一是"国破",一是"山河在",一句等于两句。念诵的时候,句和句的停
顿不妨长久,而且也要保持相当的距离,才能分出句和联(两句叫一联)的关
系来,所以念诵就慢了。

同样的情形,也常在词里碰到,例如《高阳台》是一百个字,《金缕曲》是
一百十六个字,我们念诵起来,《高阳台》字少,占时间反多;《金缕曲》字多,
占时间反少。

念诵是一个进行的动作,文章一句一句念下去,自然就发生流动,像流
水一样。所以可说文气是篇篇文章都有的,所差者只是强弱。用前面所举
的(甲)、(乙)两首五言诗来说,(甲)的气势可以说比(乙)的强。文气的强
弱,和文章的好坏本来没有密切的关系,我们不能说(甲)诗一定比(乙)诗
好,也不能说凡是《金缕曲》调的词,一定比《高阳台》调的词好,我们所能承
认的只是文气确有强弱之分罢了。唐宋以来的文章批评家颇多以文气的强
弱为批评的标准者,我们不必附和其说,本文所想加以考察的只是文气加强
的条件。前面以诗词为例,说念诵起来快的文气较强,念诵起来慢的文气较
弱,以下试就普通文章来做更进一步的考察,看所谓文气旺盛的文章,形式
上构造上有甚么特殊的地方。

(一)以一词句统率许多词句,足以加强文气,因为许多词句为一词句所
统率,读去就不能中断,必须一口气读到段落才可停止。凡具有这种构造的
文章,文气都强。例如:

> 仆之先非有剖符丹书之功，文史星历，近乎卜祝之间，固主上所戏弄，倡优所畜，流俗之所轻也。
>
> ——司马迁《报任少卿书》
>
> 秦孝公据殽、函之固，拥雍州之地，君臣固守，以窥周室，有席卷天下，包举宇内，囊括四海之意，并吞八荒之心。
>
> ——贾谊《过秦论》

第一例一串文句由"仆之先"统率，非从"仆之先"连念至"也"字不能停止；第二例一串文句由"秦孝公"统率，非从"秦孝公"连念至"心"字不能停止，中间虽有若干逗点，都只许暂停而已，一壁暂停，一壁仍须接上去念，念到相当的地方才完结。这样，文章的气势就觉得旺盛了。

（二）在一串文句中叠用调子相同的词句，也足以加强文气。我们叙述一件事情或说述一件事物，可以统括地说，也可以分别列举地说。如说"张三生活很阔绰"，这是统括的说法。说"张三住的是洋房，坐的是汽车，着的是皮大衣……"这是分别列举的说法。后者文气比前者强，因为虽然有好几句，念起来须保持前后的联络，无法中断的缘故。凡是列举说述的言语，大概各部份调子相同的。例如：

> 匹夫而为百世师，一言而为天下法，是皆有以参天地之化，关盛衰之运，其生也有自来，其逝也有所为。故申吕自岳降，傅说为列星。古今所传，不可诬也。孟子曰，我善养吾浩然之气。是气也，寓于寻常之中，而塞乎天地之间，卒然遇之，则王公失其贵，晋楚失其富，良平失其智，贲育失其勇，仪秦失其辩。是孰使之然哉？其必有不依形而立，不恃力而行，不待生而存，不随死而亡者矣。故在天为

星辰，在地为河岳，幽则为鬼神而明则复为人。此理之常，无足
怪者。

——苏轼《潮州韩文公庙碑》

　　故绝圣弃知，大盗乃止。擿玉毁珠，小盗不起。焚符破玺而民朴
鄙。掊斗折衡而民不争。殚残天下之圣法而民始可与论议。擢乱六
律，铄绝竽瑟，塞瞽旷之耳而天下始人含其聪矣。灭文章，散五彩，胶离
朱之目，而天下始人含其明矣。毁绝钩绳而弃规矩，攦工倕之指，而天
下始人有其巧矣。

——《庄子·胠箧》

上面所引两文，文气的旺盛是一般文章家所公认的，其中就有不少调子相同
的部份。这些调子相同的词句都是列举式的，如果用一句统括的话来改说，
念起来文气就要减弱许多了。

　　调子相同的词句虽能使文气加强，但也须运用得适可而止，于必要时善
为变化。上两例中，第一例苏轼文有好几组调子相同的词句，各组有不变化
的，有变化的，如：

　　王公失其贵，晋楚失其富，良平失其智，贲育失其勇，仪秦失其辩。
（不变化）
　　故在天为星辰，在地为河岳，幽则为鬼神而明则复为人。（变化）

第二例《庄子》文在一组同调子的词句里，亦颇参着变化。如：

　　擢乱六律，铄绝竽瑟……而天下始人含其聪矣。

灭文章,散五彩……而天下始人含其明矣。

毁绝钩绳而弃规矩……而天下始人有其巧矣。

一组共三排,上段句式就各不相同。又如前所举贾谊《过秦论》云:

有席卷天下,包举宇内,囊括四海之意,并吞八荒之心。

"席卷天下"、"包举宇内"、"囊括四海"、"并吞八荒"都是同调子的词句,可是偏用得这样不平均,不说"有席卷天下、包举宇内之意,囊括四海、并吞八荒之心",也是于同调子中故意求变化的缘故。同调子的词句便于快速诵念下去,固是一个原则,小施变化,使同中有异,反足以助长波澜,叫文气更能生动。句调平板的文章,念诵起来等于宣卷,反足减损义气。唐宋以来的古文家看不起六朝的骈文,就因为骈文句法平板,变化不多的缘故。

(三)多用接续词,把文句尽可能地上下关联,也是加强文气之一法。接续词的功用在使两词连成一词,两句连成一句,甲乙两句话,本来可以先说甲句再说乙句,中间留出停顿的时间,如果用接续词连了起来,就成了一句话,非做一口气说完不可了,说来就自然要快速些。又,接续词有彼此互相呼应的,如"虽——然而"、"与其——毋宁"等上下相呼应,上面念到"虽","然而"就会跟着上口来,念到"与其","毋宁"也就立刻在嘴边了。接续词不但自相呼应,还可和别的词相呼应。如"况"常和疑问词"哉"、"乎"等相呼应,"虽"也可和"亦"、"犹"等字相呼应,牵用其一,就连及其伴侣。因了接续词的关系,可以叫念诵的时间短缩,这是很明显的。

例如:

传曰："古之欲明明德于天下者,先治其国;欲治其国者,先齐其家;欲齐其家者,先修其身;欲修其身者,先正其心;欲正其心者,先诚其意。"然则古之所谓正心而诚意者,将以有为也。今也欲治其心而外天下国家,灭其天常,子焉而不父其父,臣焉而不君其君,民焉而不事其事。孔子之作《春秋》也,诸侯用夷礼则夷之,进于中国则中国之。经曰:"夷狄之有君,不如诸夏之亡。"《诗》曰:"戎狄是膺,荆舒是惩。"今也举夷狄之法而加之先王之教之上,几何其不胥而为夷也?夫所谓先王之教者何也?博爱之谓仁,行而宜之之谓义,由是而之焉之谓道,足乎己无待于外之谓德。其文《诗》,《书》,《易》,《春秋》;其法礼乐刑政;其民士农工贾;其位君臣,父子,师友,宾主,昆弟,夫妇;其服麻丝;其居宫室;其食粟米,果蔬,鱼肉;其为道易明而其为教易行也。是故以之为己则顺而祥;以之为人则爱而公;以之为心则和而平;以之为天下国家无所处而不当。是故生则得其情,死则尽其常;郊焉而天神假,庙焉而人鬼飨。曰,斯道也,何道也?曰,斯吾所谓道也,非向所谓老与佛之道也。尧以是传之舜,舜以是传之禹,禹以是传之汤,汤以是传之文武周公,文武周公传之孔子,孔子传之孟轲。轲之死,不得其传焉。荀与扬也,择焉而不精,语焉而不详。由周公而上,上而为君,故其事行;由周公而下,下而为臣,故其说长。然则如之何而可也?曰,不塞不流,不止不行。人其人,火其书,庐其居,明先王之道以道之,鳏寡孤独废疾者有养也,其亦庶乎其可也。

——韩愈《原道》

苏子曰,客亦知夫水与月乎?逝者如斯而未尝往也。盈虚者如彼而卒莫消长也。盖将自其变者而观之,则天地曾不能以一瞬;自其不变者而观之,则物与我皆无尽也。而又何羡乎?且夫天地之间,物各有

主。苟非吾之所有,虽一毫而莫取。惟江上之清风与山间之明月,耳得之而为声,目遇之而成色,取之无禁,用之不竭,是造物者之无尽藏也,而吾与子之所共适。

——苏轼《赤壁赋》

上二例中,接续词有仅接词或句的,如:

> 客亦知夫水与月乎("与"接上下二词)
> 其为道易明而其为教易行也("而"接上下二句)

又有接上下二段的,如:

> 客亦知夫水与月乎?逝者如斯而未尝往也。盈虚者如彼而卒莫消长也。盖将自其变者而观之,则天地曾不能以一瞬;自其不变者而观之,则物与我皆无尽也。而又何羡乎?

上下二段,用一"盖"字联结着,前后就成一串了。此外如"然则"、"是故"、"且夫"也都有这样的功用。仅接合词句的接续词,助长文气的力量尚小,至于把两段文句接合的接续词,助长文气的力量就甚大。

以上三项都是加强文气的方法,念诵起来气势旺盛的文章似乎都含有这些条件。这些条件,在一篇文章中都是相互混合着的,一一分别了说,只是为说明上的便利而已。加强文气也许尚有其他的方法,这里所说的只是作者个人的一时的考察。

总而言之。要领略文章的气势,念诵是唯一的途径。念诵起来须急忙

追赶，不能中途停滞的就是所谓气势旺盛的文章。一般文章家评文章，有所谓"洋洋洒洒"、"一泻千里"、"波澜壮阔"等类的话，可以说都是说明这境况的。

文气旺盛的文章，念诵起来须急忙追赶不能中途停滞。但其中各部份仍须独立自然，并无缺损，句子非一定冗长，前后合起来固成一串，分开来也仍自然，最要紧的是便于念诵。念诵不便的词句，反足阻滞文气，近代欧化的语体文，往往有佶屈聱牙不便念诵的，如：

我们现在说明科学名词存在的理由分三层来说：

第一，科学研究的东西往往不是平常人知道有的东西。

氢二氧，固然可以叫它"水"，温度达到沸点，固然可以叫做"开"，或是"滚"，但是像钠、铝、声浪、电波、微菌、维他命都是平常不知道有的东西，所以不得不给它们些名词，以便称述。

第二，科学家所研究的事情往往不是平常人所问的事情。比方东西动的快慢科其名曰"速度"，其实就是快慢；可是比方东西望下掉的时候它的速度越变越快，它的变法究竟变得有多快，这是科学要问而平常人不大问的事情，因而不得不给它个名词叫"变速度"。再比方一个病人跟一好人在一处，分开之后第二人好像没有过着那个人的病，可是过了几天那个病发出来了。并且查各种传染病从染着过后到发出来有各种不同的期限，因而就给这期限一个名词，叫某种传染病的"潜伏期"。

第三，也是最要紧的，就是科学所以要用科学名词是为着要改组日常所见的东西跟事情的观念。因为咱们日常所用的名词，跟这些名词所代表的观念往往是很不清楚很不一致的，只要一仔细认真地想要把他弄清楚，想要找出它所代表的实在的东西跟事情，就会发觉出来许多

分歧跟矛盾的地方。

比方"力"是一个很笼统没有清楚范围的观念,科学就分出力(狭义的)是质量乘变速度(ma);动量,是质量乘速度;动能,是半质量乘变速度平方($\frac{1}{2}mv^2$)等等不同的事情,冷热就分出温度、热量、比热、皮肤上的冷觉点的感觉,都是各有各的意义跟范围的。照平常观念鲤鱼也是鱼,鲸鱼也是鱼。科学就根据卵生、胎生等现象分出鱼类跟哺乳类,而把鲸鱼跟猫、狗、人类一同归在哺乳类。年的观念比较清楚一点,但是细追起来,又有以四季定年(回归年),以地球公转真周期定年(恒星年),以地球近日点周期定年(近点年),以黄白道交点周期定年(交食年)的四种长短不同的年。

还有假如平常的名词。经查考的结果知道它所指的东西并不存在,所说的事情并无其事,或是所指的事物经分析过后内容各部太不相干,不成有意义的观念,例如神仙、手气(赌钱的手气)、药的寒性热性、发(吃鸡是发的)等,科学压根儿就不谈这一套,如果要谈的话就拿它们当语言学跟社会科学的材料了。

总结起来可以说,科学的所以用名词,不是因为好好儿的老牌名词不够时髦必得改了洋装才够引人注意,也不全为科学要研究平常不知道有的东西跟不注意的事情而题新名词,乃是因为咱们平常所持的观念跟这所用的名词太含糊太不一致,一经细查就觉出来或者是没有这回事,或者它并不是一类事,因而不得不另造一些分析严密范围清楚的名词,才可以作散布跟推广正确知识的合用的工具。这是科学名词存在的主要的理由,并且也应该作用科学方法研究向来不认为在科学范围内的任何类问题的榜样。

——赵元任《科学名词跟科学观念》

此文字句正确,限制严密。可算是近代的好文字,但若用旧式的念诵法来念诵,有些部份就觉不大流利畅快。原来同是对于文章,古代人和近代人所取的手段不同,古代人重在用口念,近代人重在用眼看。近代人从早晨接到报纸起,到晚上睡觉为止,不知道眼睛上要经过多少字数的文章,可是都只在眼睛上经过而已,用口念诵的真是极少极少。所以文气是近代文章上所忽略的一方面,本文谈文气不取近代语体文做例,就为了这个缘故。

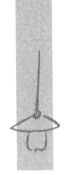

意念的表出

　　文章的内容不外乎作者的意念。意念可以从外界的事物收得，如观察某一件东西，经验某一件事情，可以收得许多意念，把这许多意念写出来，就成记叙式的文章。意念又可从内部发生，如眼前并无某一件东西或事情，作者可以对某一件东西或事情发生个人的感想或意见，这感想或意见就是意念，写出来或成感想式、议论式的文章。

　　意念是无形的东西。文字是它的符号，一个意念可有许多符号。我们在辞书里检查字义，常看见一个字用别的字来解释，如《说文》"今"字下说"是时也"，《尔雅·释诂》说"初、哉、首、基、肇、祖、元、胎、俶、落、权舆，始也"。"今"和"是时"同是一个意念符号，"初"、"哉"、"首"、"基"、"肇"、"祖"、"元"、"胎"、"俶"、"落"、"权舆"和"始"也同是一个意念符号。一个意念符号可

随时代演进增加,如依我们今日的用语来说,"今"不止可解作"是时",还可解作:

目下　目前　现在　眼前　当代　现代　斯世
并世　我们的时代　这个年头……

"始"字除了那些古义以外,也还可有各种各样的解释。如:

滥觞　渊源　开端　起头　起源　发生　发端　发轫　起首　开
始　开头　开创　开场　揭开序幕　第一步　暴　破题儿第一遭　行
剪彩礼……

这些词儿虽有雅有俗,可是都可用做"始"的解释。

一个意念,符号可以多至不遑枚举。"死"的一个字,据我所知,从"崩"、"薨"、"卒"、"亡"、"物故"、"物化"、"即世"、"逝世"等等起,到"翘辫子"、"口眼闭"、"两脚直"、"见阎王"、"着木头长衫"、"呜呼哀哉"等等止,差不多可有近二百种的说法,符号之繁多真是可惊。任何一个意念,只要从多方面去考察,就会发见各式各样的符号,这些符号往往是辞书上所不载的。林语堂先生曾有编纂《义典》的计划,拟将意义相同的词儿或成语,按事类辑在一处,可惜还没有成书。

一个意念有许多符号,我们在写作或说话中,应该怎样去使用这些符号呢?符号好比俳优的服装,要表出一个意念到语言或文章上,好比送一个俳优出舞台去给观众看,这俳优该怎样装束,怎样打扮,是戏剧家所苦心考虑的。文章家也该用和这同样的苦心去驱遣符号。

第一，符号既是意念的服装，服装要收藏得多，才能供给需要，如只有一身，就枯窘可怜了。从前有句老话叫"学文须先识字"，字原是符号。但一个个的方块字是意义不完足的；我们不妨把"字"改作"词儿"或"用语"，对于某一个意念，知道的"词儿"或"用语"越多，运用起来越便当。例如：

> 惠王用张仪之计，拔三川之地，西并巴、蜀，北收上郡，南取汉中，包九夷，制鄢、郢，东据成皋之险，割膏腴之壤，遂散六国之从，使之西面事秦，功施到今。
>
> ——李斯《谏逐客书》

这里面的"拔"、"并"、"收"、"取"、"包"、"制"、"据"、"割"等字，所寄托的意念可以说只是一个。彼此互易，也没有甚么不可以。如果老是用其中的一个，毫无变化，就觉得窘态毕露，不好看了。文章家在有变化符号的必要时，常费了心思去求变化，如韩愈《画记》云：

> 牛大小十一头，橐驼三头，驴如橐驼之数而加其一焉。

"橐驼三头"，"如橐驼之数而加其一"等于说"四头"，可是作者不直说"四头"，却应用了算术上 3＋1＝4 的计算方式，故意做着弯曲的说法。这明明是为了求变化的缘故。

第二，须依照情境，把符号严密选择。"词儿"、"用语"既认识得多了，选择的功夫更不可忽。选择的标准，积极的只有一个，就是求适合情境。这情境一语包含甚广，说者作者自己的心境，对听者或读者的关系，以及谈话或文章的上下部份等等，都可以包括在情境一语里面。同是一个意念，在不同

的情境之下该有不同的说法。如：

> 高皇帝弃群臣，孝惠皇帝即世，高后自临事，不幸有疾，日进不衰，
> 以故暴乎治。
>
> ——汉文帝《赐南粤王赵佗书》
>
> 不上一点钟，差不多先生就一命呜呼了。
>
> ——胡适《差不多先生传》

"弃群臣"、"即世"、"一命呜呼"都是死的意思。"弃群臣"是表示君之死的，"即世"可通用于诸侯大夫，现在甚至一般人的死去也可适用了。汉文帝为"高皇帝"的儿子，"孝惠皇帝"之异母弟，所以称"高皇帝"的死叫"弃群臣"，称"孝惠皇帝"的死叫"即世"。至于"一命呜呼"只是一种谐谑的说法，《差不多先生传》原是一篇有谐谑性的文章，所以可用"一命呜呼"的谐谑语。

一串意念相同的符号，普通叫做同义语，其实符号与符号决不会全然同义的，只是一部份的意义互相共通罢了。例如"人口"、"人手"、"人头"都可做"人"解释，但如果说在表达"人"的意念时，任何符号都可通用，这就大错。这些符号各有各的特色。如说：

> 家里人口多，生活就不容易了。（甲）
>
> 这工作太烦重，怕人手不够。（乙）
>
> 人头税是一种按人征收的捐税。（丙）

（甲）从食物说，所以用"人口"，（乙）从工作说，所以用"人手"，（丙）从个数说，所以用"人头"。如果彼此互易，就不成话。

还有,言语这东西是会因了时代而变迁生长的。一个符号,本身意味往往会今昔不同。例如,"少爷"、"小姐"本来是对青年男女的尊称,近来意味已转变许多,含有讥笑、鄙薄的意味,虽生在富贵之家的青年男女,也不愿接受这些称呼了。又如:"情人"、"相好"都是表达未经正式婚姻的相爱的男或女的,但在现今,你如果对在恋爱中的朋友称他或她的对手叫"情人"或"相好",必会引起不快,于是"恋人"、"爱人"等新语就应运而生了。政治的纠纷非常微妙,近来报纸上常见到×派与×派间发生"摩擦"的标题,这摩擦是新语。放着"冲突"、"斗争"等等陈语不用,故意把"摩擦"做如此解释,也是有意义的。诸如此类的变化,只好随时随地去体会,用锐敏的感觉力去辨别,寻常的字典上是翻查不出的。

选择符号的积极的标准是求适合情境。此外还有一个消极的标准,就是求意念明确。选择符号从积极的标准说来,固然要叫它适合情境,如果找不到适合情境的符号,就是创造新符号也不妨。可是消极的方面也须顾到。我们用符号来表示意念,最要紧的是照意念明确表出,不致发生误解。例如:

> 抗日战争在芦沟桥揭开序幕。

这用"揭开序幕"来表出"始"的意念,是很明确的。如果说:

> 我整理书籍昨天已揭开序幕了。

这里的"揭开序幕"如果也是表示"始"的意念的,那么就不明确。听到这话的人也许以为"已把藏书室的门幕拉开"哩。又如:

今日是十四天,再过六日就是二十天了。(甲)

今天是十四日,再过六天就是二十日了。(乙)

"天"、"日"原同是表日子的符号,可是习惯上用法有时有分别,说"今天"、"明天"和说"今日"、"明日"原没有两样,说"十四天"、"二十天"和说"十四日"、"二十日"是不同的。譬如今天是一月五日,要说"一月五日",不该说"一月五天"。上面两个例,(甲)只是计算日数,说话的时候不限在某月十四日,(乙)在计数日历上日子,这话正是在某月十四日说的。此种关系如果弄错了,也便会犯不明确的毛病。

不明确的原因大半由于歧义。一个符号可做这样解,又可做那样解,于是就不明确了。这种毛病是容易犯的,甚至文章家也难免。如:

世有伯乐,然后有千里马。千里马常有,而伯乐不常有。故虽有名马,只辱于奴隶人之手,骈死于槽枥之间,不以千里称也。

——韩愈《杂说》

有人批评这里面的两个"千里马",所代表的并非同一意念。因为上文说"世有伯乐然后有千里马","有伯乐"是"有千里马"的条件。下文说,"千里马常有而伯乐不常有",岂非先后自相矛盾?所以这两个"千里马",并非同一意念的符号:上面的"千里马"是名实合一的"千里马",下面的"千里马",是有"千里马"之实而无"千里马"之名的"千里马"。用譬喻来说,上面的"千里马"犹之"博士",下面的"千里马"犹之"有学问的人"。如果要明确地说,应该是"世有伯乐然后千里马获有千里马之名……"

以上所说的意念和符号的关系,是全从词儿或用语着眼的。意念的表

出还可再把观点扩大,从整串的说话或文句着眼。一串说话或文句,常有可用一二字包括的,例如:

> 吾年未四十而视茫茫而发苍苍而齿牙动摇。
>
> ——韩愈《祭十二郎文》
>
> 今农夫五口之家,其服役者不下二人,其能耕者不过百亩,百亩之收不过百石。春耕夏耘,秋获冬藏,伐薪樵,治官府,给徭役。春不得避风尘,夏不得避暑热,秋不得避阴雨,冬不得避寒冻。四时之间,无日休息。
>
> ——晁错《论贵粟疏》

第一例"而"字以下数句,等于说"衰"。如果说"吾年未四十而衰",原也足以表出同样的意念的,第二例"春不得避风尘,夏不得避暑热,秋不得避阴雨,冬不得避寒冻",就是下文"四时之间无日休息"的意念,可以说是一种重复的说法。

"衰"和"视茫茫"、"发苍苍"、"齿牙动摇"在一例里是表达同一意念的符号,作者何以不取"衰"而取"视茫茫"、"发苍苍"、"齿牙动摇"呢?这是效果上的问题,在这情境中,"视茫茫"、"发苍苍"、"齿牙动摇"比只说"衰"具体得多,动人得多。第二例只说"四时之间无日休息",还是概括的,上面"春不得避风尘,夏不得避暑热,秋不得避阴雨,冬不得避寒冻"是一一列举的诉说,因为这段文章的目的就在诉说农民的苦痛,所以不觉其重复,反觉适合情境,效果增加了许多。

一串说话或文句该怎样说?换句话说,该用甚么符号来表出?这标准也可有两个,一是积极的,求适合情境。"不战"和"不费斗粮,未烦一兵,未战一士,未绝一弦,未折一矢"(见《国策·苏秦以连横说秦》)是同一意念的符号,"天下乌鸦一般黑","东山老虎要吃人,西山老虎也吃人"(皆俚谚),和

"滔滔皆是"也可做同一意念的符号。这些符号有简说的,有详说的,有直说的,有用譬喻的,此外更有各种各样的方式。表示意念的时候,用得合乎情境,用得有效果,就任何符号都好,否则就任何符号都不好。

还有一个是消极的标准,一串说话或文句之中,各句都自占着地位,同时对于上下文也各有关系。逐句的安排要合乎习惯,没有毛病。试用前面举过的韩愈《画记》的例来说:

牛大小十一头,橐驼三头,驴如橐驼之数而加其一焉。

不说"驴四头",前面曾说过为求变化,如果就一串文句看,还有一个理由可说,就是为了要用"驴"来把这一小段结束。如果说"牛大小十一头橐驼三头驴四头",不但缺乏变化,语气不能完结,全篇的段落就因之不分明了。平心而论,"驴四头","四头"就是了,故意说做"如橐驼之数而加其一焉",原有矫揉、不自然的缺点,但这样改说,在结束上究竟收到了效果,功过利害可以相抵而有馀的。又如《杂说》中两次用"千里马",意念不一致是一个缺点,但在别方面颇获得了奇警的效果。如果改作"世有伯乐然后千里马有千里马之名"就平凡得多了。

要将一句句子摆入一串文句里面去,从一串文句或全篇文章考察起来,问题是很多的。用一个意念来造句,可有各种各样的方式。譬如:一匹马在路上跑过把一只黄犬踏死了,这事可有好几种写法。关于这,从前的文章家曾有好几个人造过句,叫做"黄犬奔马"句法,是很有名的。如下:

马逸,有黄犬遇蹄而毙。(穆修)(甲)

有犬死奔马之下。(张景)(乙)

适有奔马践死一犬。(沈括)(丙)

逸马杀犬于道。(欧阳修)(丁)

有犬卧通衢,逸马蹄而死之。(欧阳修之友)(戊)

(甲)、(乙)、(丙)见《扪虱新话》,(丁)、(戊)见《唐宋八家丛话》,前人对于这些句法,孰优孰劣,批评不一。其实,一句句子的好或不好,要看上下文的情境,单独抽出一句来看是无从批评的。上面五种句法,有观点上的不同,有的从"犬"方面说,有的从"马"方面说,又有繁简上的不同,有的只六个字,有的多至十馀字,可是当作表出意念的符号来看,是同一的,犹之"四"是"四","三加一"也是"四"。说"四"好呢,说"三加一"好呢?要看情境才能决定。

以上已就词儿、文句两方面略论意念和表出符号的情形,意念的表出方式和符号的运用,还可更进一步扩大范围,从篇章方面来考察。意念可大可小,可以用一个词儿来做符号,可以用一串文句来做符号,也可用一篇文章或一首诗来做符号。有许多文章,全篇可以用一个意念来简单地概括。如:

煮豆燃豆箕,豆在釜中泣。本是同根生,相煎何太急?

——曹植《七步诗》

大家知道这首诗是讽示曹氏兄弟间猜忌的,兄弟间不该猜忌是意念,这首诗就是寄托意念的符号。由此类推起来,《列子·愚公移山》可以说是"精诚感神"或"有志竟成"的意念的符号,柳宗元的《捕蛇者说》可以说是"苛政害民"的意念符号,易卜生的《娜拉》,《镜花缘》的"女儿国",可以说是"妇女地位应改革"的意念的符号了。表出一个意念,用诗呢,用故事体裁呢,还是用小说或剧本的形式呢?是作家们所苦心考虑的问题。这话牵涉文艺作品全体,和普通的所谓文章法则相去太远,不详说了。

感慨及其发抒的法式

就古今抒情诗文检查起来，最多见的是发抒感慨的文章。抒情文是以情为内容的，所谓情，有喜、怒、哀、乐、恐怖，有崇高、幽美、滑稽、悲壮等等。我曾想按照情的种类，把从来的抒情的诗文来分配辑集，结果除滑稽之情的文章另有专书（如笑话）外，发见最多的是抒写感慨的文章。诗集、词集里最多的要算"伤春"、"悲秋"、"怀古"、"有感"一类的题目，文集里常碰到"噫"、"呜呼"等类的感叹词。

这类感慨的诗文自古为人传诵，甚至现在中学校的国文教本里也选入若干供学生诵读。影响所及，青年人的笔下也染了感慨的色彩，这是值得注意的现象。怪不得胡适氏在《文学改良刍议》里要把"不作无病呻吟"列在"八不"之中。

本文想就感慨的文章略做考察。先来谈谈感慨之

情的本身。

感慨的情绪成立于今昔的对比,"今不如昔"是一个条件。例如:

> 桓公(温)北征,经金城,见前为琅邪时种柳皆已十围。慨然曰:木犹如此,人何以堪?攀枝执条,泫然流涕。
>
> ——《世说新语》

见树之长大而感到种树者自己的年老,今昔对比发生感慨,至于"流涕"。所以感慨的原因,当然不在树之长大而在自己的年老,就是今不如昔。事物的变迁也有今胜于昔的,可是从要感慨的人看来,一定是今不如昔。例如现世的也有比古代进步的事情,但在顽固的老人却对甚么都会叹息"世风不古","江河日下",就是这缘故。又例如:一书画家到了老年,就用"人书俱老"(唐孙过庭《书谱》语)的印章,落款书"时年八十有五"或"年政九十",在书画家看起来,年老不但不是可悲事,而且是可夸的事(至少在书画的造诣上是这样),所以不致有感慨了。

感慨的成立由于今昔对比,今不如昔是一个条件。此外还有一个条件,感慨的情绪往往是退婴的、消极的,对于今不如昔的事实如果有谋恢复求改进的积极的意志,感慨就不会发生。例如:

> 怒发冲冠,凭栏处、萧萧雨歇。抬望眼、仰天长啸,壮怀激烈。三十功名尘与土,八千里路云和月。莫等闲、白了少年头,空悲切。   靖康耻,犹未雪。臣子恨,何时灭?驾长车、踏破贺兰山缺。壮志饥餐胡虏肉,笑谈渴饮匈奴血。待从头、收拾旧山河,朝天阙。
>
> ——岳飞《满江红》

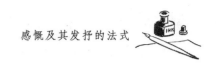

夫难平者事也。昔先帝败军于楚，当此时，曹操拊手，谓天下已定。然后先帝东连吴越，西取巴蜀，举兵北征，夏侯授首；此操之失计而汉事将成也。然后吴更违盟，关羽毁败，秭归蹉跌，曹丕称帝。凡事如是，难可逆料。臣鞠躬尽瘁，死而后已。至于成败利钝，非臣之明所能逆睹也。

——诸葛亮《后出师表》

这两位作者都在忧患之中，眼前都是"今不如昔"，可是他们的语气中虽有悲愤，却没有感慨。因为他们有积极的意志，"待从头、收拾旧山河"，"鞠躬尽瘁，死而后已"，在有这样意志的人，感慨的情绪是无从乘隙而入的。试再看下例：

《哀江南》

（北新水令）山松野草带花挑，猛抬头秣陵重到。残军留废垒，瘦马卧空壕。村郭萧条，城对着夕阳道。

（驻马听）野火频烧，护墓长楸多半焦。山羊群跑，守陵阿监几时逃？鸽翎蝙粪满堂抛，枯枝败叶当阶罩。谁祭扫？牧儿打碎龙碑帽。

（沉醉东风）横白玉八根柱倒，堕红泥半堵墙高。碎玻璃瓦片多，烂翡翠窗棂少。舞丹墀燕雀常朝。直入宫门一路蒿，住几个乞儿饿莩。

（折桂令）问秦淮旧日窗寮——破纸迎风，坏槛当潮，目断魂消。当年粉黛，何处笙箫？罢灯船，端阳不闹；收酒旗，重九无聊。白鸟飘飘，绿水滔滔。嫩黄花有些蝶飞，新红叶无个人瞧。

（沽美酒）你记得跨青溪半里桥？旧红板没一条。秋水长天人过

少。冷清清的落照,剩一树柳弯腰。

(太平令)行到那旧院门,何用轻敲?也不怕小犬哞哞。无非是枯井颓巢,不过些砖苔砌草。手种的花条柳梢,尽意儿采樵。这黑灰是谁家厨灶?

(离亭宴带歇指煞)俺曾见金陵玉殿莺啼晓,秦淮水榭花开早。谁知道容易冰消?眼看他起朱楼,眼看他宴宾客,眼看他楼塌了!这青苔碧瓦堆,俺曾睡风流觉,将五十年兴亡看饱。那乌衣巷不姓王,莫愁湖鬼夜哭,凤凰台栖枭鸟。残山梦最真,旧境丢难掉。不信这舆图换稿。诌一套《哀江南》,放悲声唱到老。

——《桃花扇·馀韵》

这是明亡后《桃花扇》的作者借了苏昆生的口唱出来的曲子,是写故国之感的有名的文章。把许多事物今昔对比,都显出着"今不如昔"。全体看不见一些些的积极的意志,只觉得"无可奈何"。明亡以后,谋恢复的人不少,在史可法、郑成功、张苍水等有积极意志的人的笔下,怕不会有这样以感慨始以感慨终的文字吧。

感慨是一种"无可奈何"的情怀,大至兴亡之感,小至时序之感,都一样。关于"春去",可有两种说法,有人在立夏前一日的深晚,说"未到晓钟犹是春"(贾岛句),有人在春光尚好的时候却说"雨横风狂三月暮,门掩黄昏,无计留春住。泪眼问花花不语,乱红飞过秋千去"(欧阳修词),前者并不感慨,后者才是感慨。

感慨之中有一种,是由把人和大自然相对比而发生的。人和自然的对比,会感到自己渺小,也会觉得无可奈何,抑灭积极的意志,自然发出感慨来。例如:

前不见古人，后不见来者。念天地之悠悠，独怆然而涕下。

——陈子昂《登幽州台歌》

客有吹洞箫者，倚歌而和之。其声呜呜然，如怨如慕，如泣如诉。余音袅袅，不绝如缕。舞幽壑之潜蛟，泣孤舟之嫠妇。苏子愀然，正襟危坐而问客曰："何为其然也？"客曰："'月明星稀，乌鹊南飞'，此非曹孟德之诗乎？西望夏口，东望武昌，山川相缪，郁乎苍苍，此非孟德之困于周郎者乎？方其破荆州，下江陵，顺流而东也，舳舻千里，旌旗蔽空，酾酒临江，横槊赋诗，固一世之雄也，而今安在哉？况吾与子渔樵于江渚之上，侣鱼虾而友麋鹿。驾一叶之扁舟，举匏尊以相属。寄蜉蝣于天地，渺沧海之一粟。哀吾生之须臾，羡长江之无穷。挟飞仙以遨游，抱明月而长终。知不可乎骤得，托遗响于悲风。"

——苏轼《赤壁赋》

这种感慨比较玄妙，在寻常人看来，也许可以说是"事不干己"。如果把自己认作大宇宙大自然的一部份来看，谁也会觉得自己的渺小、孤独，起无可奈何之感。一般所谓"怀古"的文章，那情怀和这颇有相通的地方。如：

六代豪华，春去也，更无消息。空怅望、山川形胜，已非畴昔。王谢堂前双燕子，乌衣巷口曾相识。听夜深、寂寞打孤城，春潮急。　　思往事，愁如织。怀故国，空陈迹。但荒烟衰草，乱鸦斜日。《玉树》歌残秋露冷，胭脂并坏寒螿泣。到而今、只有蒋山青，秦淮碧。

——萨都拉《满江红·金陵怀古》

越王勾践破吴归，战士还家尽锦衣。宫女如花满春殿，至今惟有

97

鹧鸪飞。

——李白《越中怀古》

这种感慨也由今昔对比,觉得今不如昔而生。但这所谓"昔",远在数百年或数千年,对于作者亦可说"事不干己"的。这时作者的情怀另有一种,就是把自己短短的生命投入在无限的时间的大流里,于是数百年、数千年前的盛况,好像和自己也有过关系似的,这才抚今追昔,生出感慨来。

感慨文章中所含有的感情,分析起来似乎就不过上面所说的几种。无论哪一种,其性质都是退婴的、消极的、无意志的。如果以现实的人生为标准评价起来,那种自己觉得渺小、孤独,觉得无可奈何的心情是害多利少的。感慨的结果原也可引起积极的情怀,如有感于年龄已老,益思效力于国家社会,目睹世事日非,发心改革恢复,悟到人生的无常,就去积极地做宗教上的修证等等,古今原有其人。但这时感慨的情怀已被破坏变质,感慨早已不复存在了。所以就感慨的本质说,完全是退婴的、消极的、无意志的东西。

感慨之情的性质大约如上面所说。次之,再来看看感慨文章中发抒感慨的方法。文章发抒感慨,不消说有种种技巧,种种方式。我觉得归纳起来只有一个法则,就是把时间郑重点出。这法则并不是偶然的,因为感慨之情原由今昔对比觉得"今不如昔"才发生,所以时间观念与感慨之情就有密切的关系。凡是感慨文章,记述事物的变迁,都把时间郑重点出。如:

昔我往矣,杨柳依依。今我来思,雨雪霏霏。行道迟迟,载渴载饥。我心伤悲,莫知我哀。

——《小雅·采薇》

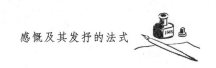

于我乎,夏屋渠渠,今也每食无馀,于嗟乎不承权舆。

——《秦风·权舆》

朱雀桥边野草花,乌衣巷口夕阳斜。旧时王谢堂前燕,飞入寻常百姓家。

——刘禹锡《乌衣巷》

今日忽开此书,如见故人。因忆侯在东莱静治堂,装卷初就,芸签缥带,束十卷作一帙,每日晚吏散,辄校勘二卷,跋题一卷。此二千卷有题跋者五百二卷耳。今手泽如新而墓木已拱,悲夫!

——李清照《金石录后序》

噫!余之手摹也。亡之且二十年矣。余少时尝有志乎兹事,得国本,绝人事而摹得之,游闽中而丧焉。居闲处独,时往来余怀也,以其始为之劳而凤好之笃也。今虽遇之,力不得为已,且命工人存其大都焉。

——韩愈《画记》

这些例里的"今"、"昔"、"旧时"等字,都是用来点出时间的,以前所举的诸例,差不多也都有这类点出时间的字面。偶然有表面上不说出时间的,实际暗中仍有时间观念。如:

夫天地者万物之逆旅,光阴者百代之过客,而浮生若梦,为欢几何?

——李白《春夜宴桃李园序》

寥落古行宫,宫花寂寞红。白头宫女在,闲坐说玄宗。

——元稹《行宫》

"浮生若梦"就是说"人生短促","为欢几何"就是说"为欢不久";"白头宫女"

是尚存的"今人","说玄宗"是"话旧"。前者是人和宇宙的对比,后者是今昔的对比,时间的观念仍是存在的。

事物的变迁,于时间的关系以外,原还有空间的关系。似乎空间的对比,也可发生感慨,如见"王孙泣路隅",见名人的藏书摆在摊肆上,都会引起感慨。但细按之,这也可以用时间的关系来说明,仍可以说是"今不如昔"。因为在同一时间中,不会发生空间上的变动,一切空间的举动,就是有时间关系的。用时间可以说明一切的事物变动。有些情形用空间是不能说明的,如前面所引的桓温对柳树流涕的情怀,就不能用空间来说明。所以我只认点明时间为发抒感慨的方式。前人的诗品、词品或文品,大都依情感的种类来品定诗和词的风格,他们也常讲到感慨之情。试举一二则来证明我的话吧。

　　　人生一世,能无感焉?哀来乐往,云浮鸟仙。铜驼巷陌,金人岁年。铅水迸泪,鹍鸡裂弦。如有万古,入其肺肝。夫子何叹?唯唯不然。

　　　　　　　　　　　　　　　　　　　　——郭麟《词品·感慨》

　　　旧地重来,亭台成薮。禾黍秋风,斜阳疏柳。江山今古,日月飞走。鸿雁归来,言念我友。烈士穷途,美人不偶。击碎唾壶,何堪回首!

　　　　　　　　　　　　　　　　　　　　——许奉恩《文品·悲慨》

附

录

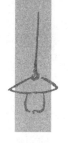

关于国文的学习 *

一 引 言

　　摆在我面前的题目,是《关于国文的学习》,就是要对中学生诸君谈谈国文的学习法。我虽曾在好几个中学校任过好几年国文科教员,对于这任务,却不敢自信能胜任愉快。因为这题目范围实在太广了,一时无从说起,并且自古迄今,已不知有若干人说过若干的话,著过若干的书;即在现在,诸君平日在国文课里,也许已经听得耳朵要起茧哩。我即使说,也只是些老生常谈而已。

　　我敢在这里声明,以下所说的不出老生常谈。把老生常谈择要选取来加以演述,使中学生诸君容易领会,

　　＊　刊《中学生》第十一期(1931年1月)。

因而得着好处，是我的目的。这目的如果能达到若干，那就是我对于中学生诸君的贡献了。

二　中学生应具的国文能力

"国文"二字，是无止境的。要谈中学生的国文学习法，先须预定中学生应具的国文程度。有了一定的程度，然后学习才有目标，也才有学习法可言。

诸君是中学生，对于毕业时的国文科的学力，各自做怎样的要求，我原不知道，想来是必各怀着一种期待吧。我做了许多年的中学国文教员，对于国文科的学力，曾在心中主观地描绘过一个理想的中学生，至今尚这样描绘着。现在试把这理想的人介绍给诸君相识。

他能从文字上理解他人的思想感情，用文字发表自己的思想感情，而且能不至于十分理解错，发表错。

他是一个中国人，能知道中国文化及思想的大概。知道中国的普通成语与辞类，遇不知道时，能利用工具书自己查检。他也许不能用古文来写作，却能看得懂普通的旧典籍，他不必一定会作诗，作赋，作词，作小说，作剧本，却能知道甚么是诗，是赋，是词，是小说，是剧本，加以鉴赏。他虽不能博览古昔典籍，却能知道普通典籍的名称，构造，性质，作者及内容大略。

他又是一个世界上的人，一个二十世纪的人，他也许不能直读外国原书，博通他国情形，但因平日的留意，能知道全世界普通的古今事项，知道周比特(Jupiter)，阿普罗(Apollo)，委娜斯(Venus)等类名词的出处，知道"三位一体"，"第三国际"等类名词的意义，知道荷马(Homer)，拜伦(Byron)是甚么人，知道《神曲》(*Devine Comedy*)，《失乐园》(*Paradise Lost*)是谁的著

作,不会把"梅德林克"误解作乐器中的曼陀铃,把"伯纳特·萧"误解作是一种可吹的箫!(这是我新近在某中学校中听到的笑话,这笑话曾发生于某国文教员。)

我理想中所期待悬拟的中学毕业生的国文科的程度是这样。这期待也许有人以为太过分,但我自信却不然。中学毕业生是知识界的中等分子,常识应该够得上水平线。具备了这水平线的程度,然后升学的可以进窥各项专门学问,不至于到大学里还要听名词、动词的文法,读一篇一篇的选文。不升学的可以应付实际生活,自己补修起来也才有门径。

现在再试将十八年八月教育部颁行的《中学课程暂行标准》中所规定的高中及初中的毕业最低限度抄列如下。

(甲)高中国文科毕业最低限度:

(一)曾精读名著六种而能了解与欣赏。

(二)曾略读名著十二种而能大致了解欣赏。

(三)能于中国学术思想、文学流变、文字构造、文法及修辞等有简括的常识。

(四)能自由运用语体文及平易的文言文作叙事说理表情达意的文字。

(五)能自由运用最低限度的工具书。

(六)略能检用古文书籍。

(乙)初中国文科毕业最低限度:

(一)曾精读选文,能透彻了解并熟习至少一百篇。

(二)曾略读名著十二种,能了解大意,并记忆其主要部份。

(三)能略知一般名著的种类,名称,图书馆及工具书籍的使用,自由参考阅读。

(四)能欣赏浅近的文学作品。

（五）能以语体文作充畅的文字，无文法上的错误。

（六）能阅览平易的文言文书籍。

把我所虚拟的中学生的国文程度和教育部所规定的中学生国文科毕业最低限度两相比较，似乎也差不多，不过教育部的规定把初中、高中截分为二，我则泛就了中学生设想而已。

现在试姑把这定为水平线，当作一种学习的目标。那么怎样去达这目标呢？这就是本文所欲说的了。

三　关于阅读

依文字的本质来说，国文的学习途径，普通是阅读与写作二种。阅读就是我在前面所说的"从文字上理解他人的思想感情"的事，写作就是我在前面所说的"用文字发表自己的思想感情"的事。能阅读，能写作，学习文字的目的就已算达到了。

先谈阅读。

"阅读甚么"这是我屡从我的学生及一般青年接到的问题。关于这问题，曾有好几个人开过几个书目。如胡适的《最低限度的国学书目》，梁启超的《国学入门书要目》，此外还有许多人发过不少零碎的意见。我在这里却不想依据这些意见，因为"国文"与"国学"不同，而且那些书目也不是为现在肄业中学校的诸君开列的。

就眼前的实况说，中学国文尚无标准读本，中学国文课程中的读物，大部份是选文。别于课外由教师酌定若干整册的书籍作为补充。一般的情形既不过如此，当然谈不到甚么高远的不合实际的议论。我在本文中只拟先就选文与教师指定的课外书籍加以说述，然后再涉及一般的阅读。

　　今天选读一篇冰心的小说,明天来一篇柳宗元的游记,再过一日来一篇《史记》列传,教师走马灯式地讲授,学生打着呵欠敷衍,或则私自携别书观览,这是普通学校中国文教室中的一般情形。本文是只对学生诸君说的,教师方面的话姑且不提,只就学习者方面来说。中学国文课中既以选文为重要成份,占着时间的大部份,应该好好地加以利用。为防止教师随便敷衍计,我以为不妨由学生预先请求教师定就一学年或半学年的选文系统,决定这学年共约选若干篇文字;内容方面,属于思想的若干篇,属于文艺的若干篇,属于常识或偶发事项的若干篇,属于实用的若干篇;形式方面,属于记叙体的若干篇,属于议论体的若干篇,属于传记或小说的若干篇,属于戏剧或诗歌的若干篇,属于书简或小品的若干篇。(此种预计,只要做教师的不十分撒滥污,照理应该不待学生请求,自己为之。)材料既经定好,对于选文,应该注意切实学习。

　　我以为最好以选文为中心,多方学习,不要把学习的范围限在选文本身。因为每学年所授的选文为数无几,至多不过几十篇而已。选文占着国文正课的重要部份,如果于一学年之中仅就了几十篇文字本身,得知其内容与形式,虽然试验时可以通过,究竟得益很微,不能算是善学者。受到一篇选文,对于其本身的形式与内容,原该首先理解,还须进而由此出发,做种种有关系的探究,以扩张其知识。例如教师今日选授陶潜的《桃花源记》,我以为学习的方面可有下列种种:

　　(1)求了解文中未熟知的字与辞。

　　(2)求了解全文的意趣与各节各句的意义。

　　(3)文句之中如有不能用旧有的文法知识说明者,须求得其解释。

　　(4)依据了此文玩索记叙文的作法。

　　(5)借此领略晋文风格的一斑。

（6）求知作者陶潜的事略，旁及其传记与别的诗文。最好乘此机会去一翻《陶集》。

（7）借此领略所谓乌托邦思想。

（8）追求作者思想的时代的背景。

一篇短短的《桃花源记》，于供给文法文句上的新知识以外，还可借以知道记叙文的体式，晋文的风格，乌托邦思想的一斑，陶潜的传略，晋代的状况等等。如此以某篇文字为中心，就有关系的各方面扩张了学去，有不能解决的事项，则翻书查字典或请求教师指导，那么读过一篇文字，不但收得其本身的效果，还可连带了习得种种的知识。较之胡乱读过就算者真有天渊之差了。知识不是孤立可以求得的，必须有所凭借，就某一点分头扩张、追讨，愈追讨关连愈多，范围也愈广。好比雪球，愈滚愈会加大起来。

以上所说的是对于选文的学习法，以下再谈整册的书的阅读。

整册的书，应读哪几种？怎样规定范围？这是一个麻烦的问题。我以为中学生的读书的范围，可分下列的几种。

（1）因选文而旁及的。如因读《桃花源记》而去读《陶集》，读《无何有乡见闻记》（威廉·马列斯著）；因读司马谈的《论六家要旨》而去读《论语》、《老子》、《韩非子》、《墨子》等等。

（2）中国普通人该知道的。如"四书"，"四史"，"五经"，周秦诸子，著名的唐人的诗，宋人的词，元人的曲，著名的旧小说，时下的名作。

（3）全世界所认为常识的。如基督教的《旧约》、《新约》，希腊的神话，各国近代代表的文艺名作。

不消说，上列的许多书，要一一全体阅读，在中学生是不可能的。但无论如何要当作课外读物尽量加以涉猎，有的竟须全阅或精读。举例来说，"四书"须全体阅读，"诸子"则可选择读几篇，诗与词可读前人选本，《旧约》

可选读《创世记》、《约伯记》、《雅歌》、《箴言》诸篇,《新约》可就《四福音》中择一阅读。无论全读或略读,一书到手,最好先读序,次看目录,了解该书的组织,知道有若干篇,若干卷,若干分目,然后再去翻阅全书,明白其大概的体式,择要读去。例如读《春秋》、《左传》,先须知道甚么叫经,甚么叫传,从甚么公起到甚么公止。读《史记》,先须知道本纪、世家、列传、书、表等等的体式。

近来有一种坏风气,大家读书不喜欢努力于基本的学修,而好做空泛功夫。普通的学生案头有胡适的《中国哲学史大纲》、《白话文学史》,顾颉刚的《古史辨》,有《欧洲文学史》,有《印度哲学概论》。问他读过"四书"、"五经"、周秦诸子的书吗? 不曾。问他读过若干唐宋人的诗词集子吗? 不曾。问他读过古代历史吗? 不曾。问他读过各派代表的若干小说吗? 不曾。问他读过欧洲文艺中重要的若干作品吗? 不曾。问他读过若干小乘大乘的经典吗? 不曾。这种空泛的读书法,觉得大有纠正的必要。例如胡适的《中国哲学史大纲》原是好书,但在未读过《论语》、《孟子》、《老子》、《庄子》、《墨子》等原书的人去读,实在不能得很大的利益。知道了《春秋》、《左传》、《论语》等原书的大概轮廓,然后去读《哲学史》中的关于孔子的一部份,读过几篇《庄子》,然后再去翻阅《哲学史》中关于庄子的一部份,才会有意义,才会有真利益。先得了孔子、庄子思想的基本的概念,再去讨求关于孔子、庄子思想的评释,才是顺路。用譬喻说,《论语》、《春秋》、《诗经》、《礼记》是一堆有孔的小钱,《哲学史》的孔子一节是把这些小钱贯串起来的钱索子,《庄子》中《逍遥游》、《大宗师》等一篇一篇的文字也是小钱,《哲学史》中庄子一节是钱索子。没有钱索子,不能把一个一个的零乱的小钱加以贯串整理,固然不愉快,但只有了一根钱索子,而没有许多可贯串的小钱,究竟也觉无谓。我敢奉劝大家,先读些中国关于哲学的原书,再去读哲学史;先读些《诗经》及汉

以下的诗集词集，再去读文学史；先读些古代历史书籍，再去读《古史辨》，万一必不得已，也应一壁读哲学史、文学史，一壁翻原书，以求知识的充实。钱索子原是用以串零零碎碎的小钱的，如果你有了钱索子而没有可串的许多小钱，那么你该反其道而行之，去找寻许多小钱来串才是。

话不觉说得太絮叨了。关于阅读的范围，就此结束。以下试讲一般的阅读方法。

第一是理解。理解又可分两方面来说。（1）关于辞句的；（2）关于全文的。关于辞句的理解，不外乎从辞义的解释入手，次之是文法知识的运用。辞义的解释如不正确，不但读不通眼前的文字，结果还会于写作时露出毛病。因为我们在阅读时收得的辞义，不彻底明白，写作时就不知不觉地施用，闹出笑话来（笑话的构成有种种条件，而辞义的误用是重要条件之一）。文字不通的原因，非文法不合即用辞与意思不符之故。"名教"、"概念"、"观念"、"幽默"等类名辞的误用，是常可在青年所写的文字中见到的，这就可证明他们当把这些名辞装入脑中去的时候，并未得到正当的解释。每逢见到新辞新语，务须求得正解，多翻字典、多问师友，切不可任其含糊。辞义的解释正确了，逐句的文句已可通解了，那么就可说能理解全文了吗？尚未。文字的理解，最要紧的是捕捉大意或要旨，否则逐句虽已理解，对于全文仍难免有不得要领之弊。一篇文字，全体必有一个中心思想，每节每段也必有一个要旨。文字虽有几千字或几万字，其中全文中心思想与每节、每段的要旨，却是可以用一句话或几个字来包括的。阅读的人如不能抽出这潜藏在文字背后的真意，只就每句的文字表面支离求解，结果每句是懂了，而全文的真意所在仍是茫然。本稿字数有限，冗长的文例是无法举的，为使大家便于了解着想，略举一二部份的短例如下：

当此之时，天下之大，万民之众，王侯之威，谋臣之权，皆欲决于苏秦之策；不费斗粮，未烦一兵，未战一士，未绝一弦，未折一矢，诸侯相亲，贤于兄弟。

——《战国策》

"天下之大"以下同形式数句，只是"全世"之意；从"不"字句起至一连数句"未"甚么，只是"不战"二字之意而已。

外物不可必，故龙逢诛，比干戮，箕子狂，恶来死，桀纣亡。人主莫不欲其臣之忠，而忠未必信；故伍员流于江，苌弘死于蜀，藏其血，三年而化为碧。人亲莫不欲其子之孝，而孝未必爱；故孝己忧而曾参悲。

——《庄子·外物篇》

这段文字，要旨只是第一句"外物不可必"五字，其馀只是敷衍这五字的例证。

……大家来至秦氏卧房。刚至房中，便有一股细细的甜香。宝玉此时便觉得眼饧骨软，连说好香。入房向壁上看时，有唐伯虎画的《海棠春睡图》，两边有宋学士秦太虚写的一副对联："嫩寒锁梦因春冷，芳气袭人是酒香。"案上设着武则天当日镜室中设的宝镜，一边摆着赵飞燕立着舞的金盘，盘内盛着安禄山掷过伤了太真乳的木瓜，上面设着寿阳公主于含章殿下卧的宝榻，悬的是同昌公主制的连珠帐。……

——《红楼梦》第五回

把房中陈设写得如此天花乱坠,作者的本意,只是想表出贾家的富丽与秦氏的轻艳而已。

对于一篇文字,用了这样概括的方法,逐步读去,必能求得各节、各段的要旨,及全文的真意所在,把长长的文字归纳于简单的一个概念之中,记忆既易,装在脑子里也可免了乱杂。用譬喻来说,长长的文字,好比一大碗有颜色的水,我们想收得其中的颜色,最好能使之凝积成一小小的颜色块,弃去清水,把小小的颜色块带在身边走。

理解以外,还有所谓鉴赏的一种重要功夫须做,对于某篇文字要了解其中的各句、各段及其全文旨趣所在,这是属于理解的事。想知道其每句、每段或全文的好处所在,这是属于鉴赏的事。阅读了好文字,如果只能理解其意义,而不能知道其好处,犹如对了一幅名画,只辨识了些其中画着的人物或椅子、树木等等,而不去领略那全幅画的美点一样。何等可惜!

鉴赏因了人的程度而不同,诸君于第一年级读过的好文字,到第二年级再读时,会感到有不同的处所,到毕业后再读,就会更觉不同了。从前的所谓好处,到后来有的会觉得并不好,此外别有好的处所,有的或竟更觉得比前可爱。我幼年读唐诗时,曾把好的句加圈。近来偶然拿出旧书来看,就不禁自笑幼稚,发见有许多不对的地方,有好句子而不圈的,有句子并不甚好而圈着的。这种经验,我想一定人人都有,不但对于文字如此,对于书法、绘画,乃至对于整个的人生都如此的。

鉴赏的能力既因人而异,因时而异,关于鉴赏,要想说出一个方法来,原是很不容易的事。姑且把我的经验与所见约略写出一二,以供读者诸君参考。

据我的经验,鉴赏的第一条件,是把"我"放入所鉴赏的对象中去,两相比较。一壁读,一壁自问:"如果叫我来说,将怎样?"对于文字全体的布局,

这样问；对于各句或句与句的关系，这样问；对于每句的字，也这样问。经这样一问，可生出三种不同的答案来：

（甲）与我的说法相合或差不多，我也能说。觉得并没有甚么。

（乙）我心中早有此意见或感想，可是说不出来，现在却由作者替我代为说出了。觉到一种快悦。

（丙）说法和我全不同，觉得格格不相入。

三种之中属于（甲）的，是平常的文字（在读者看来）；属于（乙）的，是好文字。属于（丙）的怎样？是否一定是不好的文字？不然。如前所说，鉴赏因人而不同，因时而不同，所鉴赏的文字与鉴赏者的程度如果相差太远，鉴赏的作用就无从成立。"仁者见仁，智者见智"，"英雄识英雄"，是相当可信的话。诸君遇到属于（丙）类的文字时，如果这文字是平常的作品，能确认出错误的处所来，那么直斥之为坏的不好的文字，原无不可。倘然那文字是有定评的名作，那就应该虚心反省，把自己未能同意的事，暂认为能力尚未到此境地，益自奋励。这不但文字如此，书法、绘画，无一不然。康有为、沈寐叟的书法是有定评的，可是在市侩却以为不如汪洵的好；最近西洋立体派未来派的画，在乡下土佬看来，当然不及曼陀、丁悚的月份牌仕女画来得悦目。

鉴赏的第二要件是冷静。鉴赏有时称"玩赏"，诸君在厅堂上挂着的画幅上，他人手中有书画的扇面上，不是常有见到某某先生"清玩"，或"雅鉴"、"清赏"等类的字样吗？"玩"和"鉴"与"赏"有关。这"玩"字大有意味。普通所谓"玩"者，差不多含有游戏的态度，就是"无所为而为"，除了这事的本身以外，别无其他目的的意味。读小说时，如果急急要想知道全体的梗概，热心地"未知以后如何，且看下回分解"地急忙读去，虽有好文字，恐也无从玩味，看不出来，第二次、第三次再读，就不同了。因为这时对于全书梗概已经

了然,不必再着急,文字的好歹也因而容易看出。将我自己的经验当作例子来说,《红楼梦》第三回中黛玉初到贾府与宝玉第一次见面时,写道:

> 宝玉看毕笑道:"这个妹妹我曾见过的。"贾母笑道:"可又是胡说,你何曾见过她。"宝玉笑道:"虽然未曾见过她,然看着面善,心里倒像是旧相识,恍若远别重逢一般。"

我很赞赏这段文字。因为这一对男女主人公,过去在三生石上赤霞宫中有着那样长久的历史,以后还有许多纠葛,在初会见时,做宝玉的恐怕除了这样说,别无更好的说法的了,故可算得是好文字。可是我对于这几句文字的好处,直到读了数遍以后才发见。(《红楼梦》我曾读过十次以上。)这是玩味的结果,并不是初读时就知道的。

好的作品至少要读二遍以上。最初读时不妨以收得梗概、了解大意为主眼,再读时就须留心鉴赏了。用了"玩"的心情,冷静地去对付作品,不可再囫囵吞咽,要仔细咀嚼。诗要反覆地吟,词要低徊地诵,文要周回地默读,小说要耐心地细看!

把前人鉴赏的结果拿来做参考,足以发达鉴赏力。读词、读诗不感到兴趣的,不妨去择一部诗话或词话读读;读小说不感到兴趣的,不妨去一阅有人批过的本子。诗话、词话、文评、小说评,是前人鉴赏的记录,能教示我们以诗词文或小说的好处所在,大足为鉴赏上的指导。举例来说:《水浒》中写潘金莲调戏武松的一节,自"叔叔万福"起,至"叔叔不会簇火,我与叔叔拨火,要似火盆常热便好",一直数十句谈话都称"叔叔",下文接着写道:"那妇人……便放了火箸,却筛一盏酒来自呷了一口,剩了大半盏看着武松道:'你若有心吃了这半盏儿残酒。'"金圣叹在这下面批着,"写淫妇

便是活淫妇","以上凡叫过三十九个'叔叔',忽然换一个'你'字,妙心妙笔"。

这"叔叔"与"你"的突然的变化,其妙处在普通的读者也许不易领会,或者竟不能领会,但一经圣叹点出,就容易知道了。

但须注意,前人的诗话、词话、文评、小说评,是前人鉴赏的结果。用以帮助自己的鉴赏能力则可,自己须由此出发,更用了自己的眼识去鉴赏,切不可为所拘执。前人的鉴赏法有好的也有坏的。特别是文评,从来以八股的眼光来评文的甚多,甚么"起承转合",甚么"来龙去脉",诸如此类,从今日看去实属可哂,用不着再去蹈袭了。

四 关于写作

从古以来,关于作文不知已有过多少的金言玉律。甚么"推敲"咧,"多读、多作、多商量"咧,"文以达意为功"咧,"文必己出"咧,诸如此类的话,不遑枚举,在我看来,似乎都只是大同小异的东西,举一可概其馀的。例如"推敲"与"商量"固然差不多,再按之,不"多读",则识辞不多,积理不丰,也就无从"商量",无从"推敲",因而也就无从"多作"了。因为"作"不是叫你随便地把"且夫天下之人"瞎写几张,乃是要作的。至于"达意",仍是一句老话头,惟其与"意"尚未相吻合,尚未适切,故有"推敲"、"商量"的必要,"推敲"、"商量"的目的,无非就在"达意"而已。至于"文必己出"亦然。要达的是"己"的意,不是他人的意,自己的意要想把它达出,当然只好"己出",不能"他出",又因要想真个把"己"达出,"推敲"、"商量"的功夫就不可少了。此外如"修辞立其诚"咧,"文贵自然"咧,也都可做同样的解释,只是字面上的不同罢了。佛法中有"一即一切"、"一切即一"的话,我觉得从古以来古人所遗留下

来的文章诀窍亦如此。

我曾在本稿开始时声明，我所能说的只是老生常谈。关于写作，我所能说的更是老生常谈中之老生常谈。以下我将从许多老生常谈中选出若干适合于中学生诸君的条件，加以演述。

关于写作，第一可发生的问题是"写作些甚么"，第二是"怎样写作"。

现在先谈"写作些甚么"。

先来介绍一个笑话：从前有一个秀才，有一天伏在案头作文章，因为作不出，皱起了眉头，唉声叹气，样子很苦痛。他的妻在旁嘲笑了说："看你作文章的样子，比我们女人生产还苦呢！"秀才答道："这当然！你们女人的生产是肚子里先有东西的，还不算苦。我的作文章，是要从空的肚子里叫它生产出来，那才真是苦啊！"真的，文章原是发表自己的思想感情的东西，要有思想感情，才能写得出来，那秀才肚子里根本空空地没有货色，却要硬作文章，当然比女人生产要苦了。

照理，无论是谁，只要不是白痴，肚子里必有思想感情，决不会是全然空虚的。从前正式的文章是八股文，八股文须代圣人立言，《论语》中的题目，须用孔子的口气来说，《孟子》中的题目，须用孟子的口气来说，那秀才因为对于孔子、孟子的化装，未曾熟习，肚子里虽也许装满着目前的"想中举人"咧，"点翰林"咧，"要给妻买香粉"咧，以及关于柴米油盐等琐屑的思想感情，但都不是孔子、孟子所该说的，一律不能入文，思想感情虽有而等于无，故有作不出文章的苦痛。我们生当现在，已不必再受此种束缚，肚子里有甚么思想感情，尽可自由发挥，写成文字。并且文字的形式也不必如从前地要有定律，日记好算文章，随笔也好算文章。作诗不必限字数，讲对仗，也不必一定用韵，长短自由，题目随意。一切和从前相较，算是自由已极的了。

那么凡是思想感情，一经表出，就可成为文章了吗？这却也没有这样简

单。当我们有疾病的时候,"我恐这病不轻"是一种思想的发露,但写了出来,不好就算是文章。"苦啊!"是一种感情的表示,但写了出来,也不好算是文章。文章的内容是思想感情,所谓思想感情,不是单独的,是由若干思想或感情复合而成的东西。"交朋友要小心"不是文章,以此为中心,把"所以要小心"、"怎样小心法"、"古来某人曾怎样交友"等等的思想组织地系统地写出,使它成了某种有规模的东西,才是文章。"今天真快活",不是文章,把"所以快活的事由","那事件的状况"等等记出,写成一封给朋友看的书信或一则自己看的日记,才是文章。

文章普通有两种体式,一是实用的,一是趣味的。实用的文章为处置日常的实际生活而说,通常只把意思(思想感情)老实简单地记出,就可以了。诸君于年假将到时,用明信片通知家里,说校中几时放假,届时叫人来挑铺盖行李咧,在拍纸簿上写一张向朋友借书的条子咧,以及汇钱若干叫书店寄书册的信咧,拟校友会或寄宿舍小团体的规约咧,都是实用文。至于趣味的文章,是并无生活上的必要的,至少可以说是与个人眼前的生活关系不大,如果懒惰些,不作也没有甚么不可。诸君平日在国文课堂上所受到的或自己想作的文章题目,如"同乐会记事"咧,"一个感情"咧,"文学与人生"咧,"悼某君之死"咧,"个人与社会"咧,小说咧,戏剧咧,新诗咧,都属于这一类。这类文章和个人实际生活关系很远,世间尽有不作这类文章,每日只写几张似通非通的便条子或实务信,安闲地生活着的人们。在中国的工商社会中,大部份的人就都如此。这类文章,用了浅薄的眼光从实际生活上看来,关系原甚少,但一般地所谓正式的文章,大都属在这一类里。我们现今所想学习的(虽然也包括实用文)也是这一类。这是甚么缘故呢?原来人有爱美心与发表欲,迫于实用的时候,固然不得已地要利用文字来写出表意,即明知其对于实用无关,也想把其五官所接触的,心所感触的写出来示人,不能自已。

这种欲望是一切艺术的根源，应该加以重视。学校中的作文课，就是为使青年满足这欲望，发达这欲望而设的。

话又说远去了，那么究竟写作些甚么呢？实用的文章内容是有一定的，借书只是借书，约会只是约会，只要把意思直截、简单地写出，无文法上的错误，不写别字，合乎一定的格式就够了，似乎无须多说。以下试就一般的文章来谈"写作些甚么"。

秀才从空肚子里产出文章，难于女人产小孩；诸君生在现代，不必抛了现在自己的思想感情，去代圣人立言，肚子决无空虚的道理。"花的开落"、"月的圆缺"、"父母的爱"、"家庭的悲欢"、"朋友的交际"，都在诸君经验范围之内，"国内的纷争"、"生活的方向"、"社会的趋势"、"物价的高下"、"风俗的变更"，又为诸君观想所系。材料既无所不有。教师在作文课中常替诸君规定题目，叫诸君就题发挥，限定写一件甚么事或谈一件甚么理。这样说来，"写作些甚么"在现在的学生似乎是不成问题了的。可是事实却不然。所谓写作，在某种意味上说，真等于母亲生产小孩。我们肚里虽有许多的思想感情，如果那思想感情未曾成熟，犹之胎儿发育未全，即使勉强生了下来，也是不完全的无生命的东西。文章的题目不论由于教师命题，或由于自己的感触，要之只不过是基本的胚种，我们要把这胚种多方培育，使之发达，或从经验中收得肥料，或从书册上吸取阳光，或从朋友谈话中供给水分，行住坐卧都关心于胚种的完成。如果是记事文，应把那要记的事物从各方面详加观察。如果是叙事文，应把那要叙的事件的经过逐一考查。如果是议论文，应寻出确切的理由，再从各方面引了例证，加以证明，使所立的断案坚牢不倒。归结一句话，对于题目，客观地须有确实丰富的知识（记叙文），主观地须有自己的见解与感触（议论文、感想文）。把这些知识或见解与感触打成一片，结为一团，这就是"写作些甚么"问题中的"甚么"了。

有了某种意见或欲望，觉得非写出来给人看不可，于是写成一篇文章，再对于这文章附加一个题目上去。这是正当的顺序。至于命题作文，是先有题目后找文章，照自然的顺序说来，原不甚妥当。但为防止抄袭计，为叫人练习某一定体式的文字计，命题却是一种好方法。近来学校教育上大多数也仍把这方法沿用着，凡正课的作文，大概由教师命题，叫学生写作。这种方式对于诸君也许有多少不自由的处所，但善用之，也有许多利益可得。(1)因了教师的命题，可学得捕捉文章题材的方法，(2)可学得敏捷搜集关系材料的本领，(3)可周遍地养成各种文体的写作能力。写作是一种郁积的发泄，犹之爆竹的遇火爆发。教师所命的题目，只是一条药线，如果诸君是平日储备着火药的，遇到火就会爆发起来，感到一种郁积发泄的愉快，若自己平日不随处留意，临时又懒去搜集，火药一无所有，那么，遇到题目，只能就题目随便勉强敷衍几句，犹之不会爆发的空爆竹，虽用火点着了药线，只是"刺"地一声，把药线烧毕就完了。"写作些甚么"的"甚么"，无论自由写作或命题写作，只靠临时搜集，是不够的。最好是预先多方注意，从读过的书里，从见到的世相里，从自己的体验里，从朋友的谈话里，广事吸收。或把它零零碎碎地记入笔记册中，以免遗忘，或把它分了类各各装入头脑里，以便触类记及。

再谈"怎样写作"。

关于写作的方法，我在这里不想对诸君多说别的，只想举出很简单的两个标准：(1)曰明了，(2)曰适当。写作文章目的，在将自己的思想感情传给他人。如果他人不易从我的文章上看取我的真意所在，或看取了而要误解，那就是我的失败。要想使人易解，故宜明了；为防人误解，故宜适当。我在前面曾说过：自古以来的文章诀窍，虽说法各各不同，其实只是同一的东西。这里所举的"明了"与"适当"，也只是一种的意义，因为不"明了"就不能"适当"，既"适当"就自然"明了"的。为说明上的便利计，姑且把它分开来说。

明了宜从两方面求之：(1)文句形式上的明了，(2)内容意义上的明了。

文句形式上的明了，就是寻常的所谓"通"。欲求文句形式上的明了，第一须注意的是句的构造和句与句间的接合呼应。句的构造如不合法，那一句就不明了；句与句间的接合呼应如不完密，就各句独立了看，或许意义可通，但连起来看去，仍然令人莫名其妙。这样的例子，举不胜举。例如：

> 发展这些文化的民族，当然不可指定就是一个民族的成绩，既不可说都是华族的创造，也不可说其他民族毫不知进步。

这是某书局出版的初中教本《本国历史》中的文字，首句的"民族"与次句的"成绩"前后失了照应，"不可说"的"可"字也有毛病。又该书于叙述黄帝与蚩尤的战争以后，写道：

> 这种经过，虽未必全可信，如蚩尤的能用铜器，似乎非这时所知。不过，当时必有这样战争的事实：始为古人所惊异而传演下来，况且在农业初期人口发展以后，这种冲突，也是应有的现象。

这也是在句子上及句与句间的接合上有毛病的文字。试再举一例：

> 我们应当知道，教育这件事，不单指学校课本而言，此外更有所谓参考和其他课外读物。而且丰富和活的生命大概是后者而不是前者所产生的。

这是某会新近发表的《读书运动特刊》中《读书会宣言》里的文字。似乎辞句

上也含着许多毛病。上二例的毛病在哪里呢？本稿篇幅有限，为避麻烦计，恕不一一指出，诸君可自己寻求，或去请问教师。

初中的《历史教本》会不通，《读书会宣言》会不通，不能不说是"奇谈"了，可是事实竟这样！足见通字的难讲，一不小心，就会不通的。我敢奉劝诸君，从初年级就把简单的文法（或语法）学习一过。对于辞性的识别及句的构造法，具备一种概略的知识。万一教师在正课中不授文法，也得在课外自己学习。

句的构造与句与句间的接合呼应，如果不明了了，就要不通。明了还有第二方面，就是内容意义上的明了。句的构造合法了，句与句间的接合呼应适当了，如果那文字可做两种的解释（普通称为歧义），或用辞与其所想表示的意义不确切，则形式上虽已完整，但仍不能算是明了。

　　无美学的知识的人，怎能做细密的绘画的批评呢？

这是有歧义的一例。"细密的绘画"的批评呢，还是细密的"绘画的批评"？殊不确定。

　　用辅导方法，使初级中学学生自己获得门径，鉴赏书籍，踏实治学。
（读"文"，作"文"，"体察人间"）

这是某书局《初中国文教本编辑要旨》中的一条可以作为用辞与其所想表示的意义不确切的例子。"鉴赏书籍"，这话看去好像收藏家在玩赏宋版书与明版书，或装订做主人在批评封面制本上的格式哩。我想作者的本意必不如此。这就是所谓用辞不确切了。"踏实治学"一句，"踏实"很费解，说"治

学",陈义殊嫌太高。此外如"体察人间"的"人间"一语,似乎也有可商量的馀地。

内容意义的不明了,由于文辞有歧义与用辞不确切。前者可由文法知识来救济,至于后者,则须别从各方面留心。用辞确切,是一件至难之事。自来各文家都曾于此煞费苦心。诸君如要想用辞确切,积极的方法是多认识辞,对于各辞具有敏感,在许多类似的辞中,能辨知何者范围较大,何者较小,何者最狭,何者程度最强,何者较弱,何者最弱。消极的方法,是不在文中使用自己尚未十分明知其意义的辞。想使用某一辞的时候,如自觉有可疑之处,先检查字典,到彻底明白然后用入。否则含混用去,必有露出破绽来的时候的。

以上所说是关于明了一方面的,以下再谈到适当。明了是形式上与部份上的条件,适当是全体上、态度上的条件。

我们写作文字,当然先有读者存在的预想的,所谓好的文字就是使读者容易领略,感动,乐于阅读的文字。诸君当执笔为文的时候,第一,不要忘记有读者;第二,须努力以求适合读者的心情,要使读者在你的文字中得到兴趣或快悦,不要使读者得着厌倦。

文字既应以读者为对象,首先须顾虑的是:(1)读者的性质,(2)作者与读者的关系,(3)写作这文的动机等等。对本地人应该用本地话来说,对父兄应自处子弟的地位。如写作的动机是为了实用,那么用不着无谓的修饰,如果要想用文字煽动读者,则当设法加入种种使人兴奋的手段。文字的好与坏,第一步虽当注意于造句用辞,求其明了;第二步还须进而求全体的适当。对人适当,对时适当,对地适当,对目的适当。一不适当,就有毛病。关于此,日本文章学家五十岚力氏有"六 W 说",所谓六 W 者:

(1)为甚么作这文?(Why)

（2）在这文中所要述的是甚么？（What）

（3）谁在作这文？（Who）

（4）在甚么地方作这文？（Where）

（5）在甚么时候作这文？（When）

（6）怎样作这文？（How）

归结起来说，就是："谁对了谁，为了甚么，在甚么地方，甚么时候，用了甚么方法，讲甚么话。"

诸君作文时，最好就了这六项逐一自己审究。所谓适当的文字，就只是合乎这六项答案的文字而已。我曾取了五十岚力氏的意思作过一篇《作文的基本的态度》，附录在《文章作法》（开明书店出版）里，请诸君就以参考。这里不详述了。

本稿已超过预定的字数，我的老生常谈也已絮絮叨叨地说得连自己都要不耐烦了。请读者再忍耐一下，让我附加几句最重要的话，来把本稿结束吧。

文字的学习，虽当求之于文字的法则（上面的所谓明了，所谓适当，都是法则），但这只是极粗浅的功夫而已。要合乎法则的文字，才可以免除疵病。这犹之书法中的所谓横平竖直，还不过是第一步。进一步的，真的文字学习，须从为人着手。"文如其人"，文字毕竟是一种人格的表现，冷刻的文字，不是浮热的性质的人所能模效的，要作细密的文字，先须具备细密的性格。不去从培养本身的知识情感意志着想，一味想从文字上去学习文字，这是一般青年的误解。我愿诸君于学得了文字的法则以后，暂且抛了文字，多去读书，多去体验，努力于自己的修养，勿仅仅拘执了文字，在文字上用浅薄的功夫。

国文科课外应读些甚么 [*]

一　引　言

　　本年《中学生》杂志关于中学科目,登载过许多介绍课外阅读书的文字,国文一科,尚付缺如(关于文学和修辞学原早已有别位先生写了登载过),于是有许多读者来函要求登载此项稿件,而且读者之中还有人用了"点将"的法子,把这职务交给了我,要我写一些。不瞒大家说,当本年本志决定分科介绍课外阅读书的时候,我也曾打算对于整个国文科写一篇东西的;可是终于未曾写,实在因为国文科的性质太复杂、太笼统了,差不多凡是中国文字写成的东西都可以叫做国文,使我无法着笔的缘故。后来乃变更计划,把文学与修辞学

---

[*]　刊《中学生》第二十九期(1932 年 11 月)。

当作国文的一分支先特别提出，请别的先生写了登载。还想继续登载一篇关于文法及语法的介绍文字，意思是想把整个的国文科拆做几个小部份，来分别介绍可读的书。不料读者尚认为未能满足，纷纷来函要求介绍关于整个的国文科的课外阅读书籍。不得已，就由我来勉强应命，贡献些意见吧。

先要声明：方才说过，国文科的性质太复杂、太笼统了，差不多凡是用中国文字写成的东西都可以叫做国文。故我的书籍介绍，不能如别科的一一举出名称，说哪一本书该读，哪一本不必读。我只能依了若干大纲，来说些话而已。

让我先来下一个中学校国文科的定义，把讨论的范围加以限制。我认为：中学校的国文科的内容不是甚么《古文观止》，甚么《中国国文教本》，也不是教师所发的油印文选讲义。所命的课题，所批改的文卷，乃是整个的对于本国文字的阅读与写作的教养。课本和讲义等等只是达教养目的的材料，并非就是国文科的正体。物理、化学、算术、代数等等的教本、小说、唱本、报纸、章程、契约以及日常的书信，无一不在白纸上印得有本国文字，或写得有本国文字。如果那些课本与讲义等等叫做"国文"，那么凡是有中国文字的东西也都该叫做"国文"。这理由原很正当，也极显然，可是实际上却有许多人不理会。教师与学生都常常硬把印成的文选或"国文课本"当作"国文"，把其馀的一切摈斥于"国文"之外。例如《虞初新志》中的《圆圆传》可以被抄印了成"国文"，而全部的《虞初新志》却被认为闲书，《水浒传》中《景阳冈打虎》可以被挑选了成"国文"，而全部的《水浒传》却被认为小说。学生读《景阳冈打虎》，读《圆圆传》，自以为在用功"国文"，而读《虞初新志》读《水浒传》却自以为在看闲书，看小说。更推而广之，看报，看章程，看契约，与"国文"无关，就教本复习历史和地理，与"国文"也无关，国文自国文，其馀自其馀，于是"国文"科就成了一种奇妙、神秘的科目了。以上是就了阅

读方面说的,至于写作方面,也同样有此奇怪的误解。照理说,凡用本国文字写记甚么,都应该是"国文"。可是实际情形却不然,平常的人会写信,记日记,可是不自认能作文章;他们把作文章认为了不得的大事。即使自命会作文章的文人,也常把作文章与写信记日记分别看待,一提起"作文章"三个字,往往就现出非常的矜持的神情来。至于学校的教学上,不消说这矛盾更甚。国文科中的所谓"作文",在中学校里通常只是每月二次,其馀如日常的写作笔记、日记、通告、书信之类,全不算在"国文"的账上。真所谓"骑驴寻驴"了。

因了上述的理由,我主张把"国文科"解释得抽象一些,解作"整个的对于本国文字的阅读与写作能力的教养"。以下介绍书籍,也即由此观点出发。我所介绍的书籍可分为三大种类,(1)关于文字理法的书籍,(2)理解文字的工具书籍,(3)文字值得阅读,内容有益于写作的书籍。

二 关于文字理法的书籍

国文科所处理的是文字,文字的理法犹之规矩准绳,当然应该首先知道。文字理法于写作阅读双方都大有关系,我们所以能理解他人的文字,我们的文字所以能使他人理解,都全仗有共认的理法。词与词的关系,句与句的联结,以及文章的体裁,藻饰的方式,都有一个难以随便改易的约束。这约束就是文字的理法了。可分下列诸项来说。

甲,语法或文法 这是讲词与词的关系和句与句的联结的。关于一个一个的单词的如:《助字辨略》(刘淇),《经传释词》(王引之),《古书疑义举例》(俞樾),《词诠》(杨树达)之类。至于按照西洋文法的系统,编成词与词及句与句的通则的,则有《马氏文通》(马建忠),《初等国文典》(章士钊),《国

语文法》(黎锦熙)等几种。二者之中,就单词讲述者,不重系统,而搜罗颇富,适于临时检查;先取后者择一二读之,收得系统的知识,较为急务。《马氏文通》为中国第一部有系统的文法书,惟篇幅太繁重,不便初学,章氏《初等国文典》脱胎于《马氏文通》,头绪颇明简,可以一读。语法则黎氏之《国语文法》较完全。(惟分类太琐屑,是其缺点。)语法初步,在高小时理应略已学得,中学时代须注意于语法与文法的比较与联络。最好有一本文言与语体混合的文法书,可惜现在还没有人着手编写。黎氏的《国语文法》,初中一二年级生可读,章氏的《初等国文典》,初中二三年级可读。《词诠》搜罗字的用例颇富,可补文法书的不足。《古书疑义举例》罗列古代文句变式甚多,读古书时可随时参考。

乙,修辞学　这是讲求使用辞类的一般的法式的,消极方面注意写作上的疵病,积极方面论到各种藻饰的方法。关于修辞学的书籍,熊昌翼先生已在本志二十六号(本年七月号)介绍过两本书:《修辞格》(唐钺)《修辞学发凡》(陈望道)。我对于熊先生的介绍,很表赞同。唐著只列修辞格,内容较简单,初中三年或高中一年级生可以先阅。陈著组织严密,搜罗详尽,因之篇幅亦较多,可供详密的钻研之用。

丙,作文法　这是论文章的体式及其他写作上一般的方法的。这类知识,从前散见于他书者很多,古人集子中论文字的零篇都可归入此类。近来颇有专为初学者编述的专书,如:《作文法讲义》(陈望道),《作文论》(叶绍钧),《文章作法》(夏丏尊、刘薰宇),《作文讲话》(章衣萍)之类。这类书籍,所能教示初学者的只是文章的体式与写作上的普通的心得,在对于文章体式写作方法尚未得门径的中学初年级生原可有些帮助,可任取一种阅之,惟不可一味的当作法宝。老实说,这些书并不是十分有价值的东西。(别人的书我原不敢武断,至于《文章作法》,我自己就是著者,敢这样说。)据我所知,

颇有一些人在迷信这类书,故顺便告诉大家一声。

三　理解文字的工具书籍

所谓理解文字的工具书籍范围很狭小,只指字典、辞书等而言。阅读时遇到未解的字或辞,写作时遇到恐有错误的字或辞,都可乞灵于这些工具。字典是解释单字的,辞书是解释辞与成语的。二者都有用部首排列及用韵排列的两种,如《康熙字典》(字典,用部首排),《经籍籑诂》(字典,用韵排),《佩文韵府》(辞书,用韵排),《辞源》(辞书,用部首排)。最近更有用四角号码排列者,如《王云五辞典》就是。《王云五辞典》兼具字典辞书两种用途,颇为便利。

《康熙字典》为字典之最古者,性质普通,解释精当,价值不因其旧而减损,宜购备一册。《经籍籑诂》则多搜古义,为读古书的锁钥,高中学生可购备。《佩文韵府》卷帙较巨,可让图书室购置,个人只须预知其用法,于必要时去翻检就够了。

翻检字典辞书,因了熟习与否,巧拙迟速殊异,宜及早练习。部首位次的记忆固然很要紧,四声的辨别最好也稍加学习,能辨别某字大略在何声,属何韵,就方便得多了。

四　文字值得阅读内容有益于写作的书籍

我在上面曾说,"国文"的范围很笼统,凡是用本国文字写成的都可叫做"国文"。从别一方面说,文字只是一种形式的东西,甚么内容都可填充。我

国古今的书籍,就其形式说都是用本国文字写的,都可以叫做"国文",若就其内容说,或属于历史,或属于哲学,或属于地理,或属于政治,或属于艺术,鲜有无所属的。大家都说对于国文要用功,其实根本就没有纯粹的所谓"国文"这样东西。所谓"用功国文"者,只是把普通一般的书籍,当作文字来用功,把它作为阅读的练习与写作的范例而已。

一种书有种种的读法。例如《史记》本来是历史,但自古就有人把它当文章读,认作文章的模范。《水经注》是一部地理书,因为其中时有描写风景的辞藻,就有人把它当美文读(我于数年前见到一册谭复堂〔名献,仁和人〕圈点过的《水经注》。他在卷端自定阅读纲领,用种种符号标记各项。水道用=号,河流沿革用△号,描写风景的美文用○号,论断精当处用——号。这是把一部书从各方面阅读的方法,可以为范)。此外如《周礼》的《考工记》可以做状物的范例,《左氏传》可以作叙事的法式,都是很明白的事。这种的利用,推广开去真是说不尽言。我有一位朋友,写字很有功夫,他所作的尺牍,文字都简雅高古,没有俗气,不类近人,自成一格。我问他从何学得这种文字,他的回答出乎我的意料之外,说是从晋唐人的字帖上学来的。原来晋唐人的书法(如《淳化阁法帖》、《三希堂法帖》之类)流传者大概是尺牍,普通临帖的人只注意到书法,我这位朋友却能于书法之外,利用了去学文章,可谓多方面学习的了。

读到一部书,收得其内容,同时欣赏玩味其文字,遇有疑难时就利用了上项的工具书去解索。所收得的内容,成了自己的知识,其效力等于实际体验。积久起来,不但可为写作的材料,而且还可为以后读他书的补助知识。所欣赏玩味过的文字的方式,则可以应用于写作上。能如此打成一片,读书就会有显著的功效了。仅仅留心内容,或只注意于文字的模效,都不是最好的方法。

至于读些甚么,我无法做限定的介绍,只好提出几个选择的目标。最近教育部重订课程标准,关于中学国文科的"阅读"一项分"精读"与"略读"二门。"精读"属于课内,"略读"属于课外。据闻这次新课程标准所定的"略读"的范围如下:

(甲)初中

(子)中外名人传记及有系统之历史记载;

(丑)有注释之名著节本;

(寅)古代语录及近人演讲集;

(卯)古今人书牍;

(辰)古今名人游记、日记及笔记;

(巳)有注释之诗歌选本;

(午)古今小品文及短篇小说集;

(未)歌剧、话剧之脚本及民众文艺之有价值者;

(申)适合学生程度之定期刊物。

(乙)高中

学生各就其资性及兴趣,由教员指导,选读整部或选本之名著,散见各书之单篇作品及有价值之定期刊物。

新课程标准对于初中的"略读"教材,有较具体的分项规定,而对于高中,则只做概括的指示而已。我个人对于中学生读书的范围,曾有些意见,在本志第十一号《关于国文的学习》一文中发表过(该文现已收入单行本《中学各科学习法》中)。现在也别无新的意见可说,就把那文中关于读书的范围的一段文字重行摘录于下,当作本文的结束吧。

(1)因课堂所习的选文而旁及的。如因读《桃花源记》而去读《陶集》,读《无何有乡见闻记》(威廉·马列斯著),因读司马谈的《论六家要旨》而去读

《论语》、《老子》、《韩非子》、《墨子》等等。

（2）中国普通人该知道的。如"四书"，"四史"，"五经"，周秦诸子，著名的唐人的诗，宋人的词，元人的曲，著名的旧小说，时下的名作。

（3）全世界所认为常识的。如基督教的《旧约》，《新约》，希腊的神话，各国近代的代表文艺名作。

不消说，上列的许多书，要一一全体阅读，在中学生是不可能的。但无论如何要当作课外读物尽量加以涉猎，有的竟须全阅或精读。举例来说，"四书"须全体阅读，诸子则可选读几篇，诗与词可读前人选本，《旧约》可选读《创世记》、《约伯记》、《雅歌》、《箴言》诸篇，《新约》可就《四福音》中择一阅读。无论全读或略读，一书到手，最好先读序，次看目录，了解该书的组织，知道有若干篇，若干卷，若干分目，然后再去翻阅全书，明白其大概的体式，择要读去。例如读《春秋》、《左传》，先须知道甚么叫经，甚么叫传，从甚么公起至甚么公止。读《史记》，先须知道本纪、世家、列传、书、表等等的体式。

近来有一种坏风气，大家读书不喜欢努力于基本的学修，而好做空泛功夫。普通的学生案头有胡适的《中国哲学史大纲》、《白话文学史》，顾颉刚的《古史辨》，有《欧洲文学史》，有《印度哲学概论》。问他读过"四书"、"五经"、周秦诸子的书吗？不曾。问他读过若干唐宋人的诗词集子吗？不曾。问他读过古代历史吗？不曾。问他读过各派代表的若干小说吗？不曾。问他读过欧洲文艺中重要的若干作品吗？不曾。问他读过若干小乘、大乘的经典吗？不曾。这种空泛的读书法，觉得大有纠正的必要。例如胡适的《中国哲学史大纲》原是好书，但在未读过《论语》、《孟子》、《老子》、《庄子》、《墨子》等原书的人去读，实在不能得很大的利益。知道了《春秋》、《左传》、《论语》等原书的大概轮廓，然后去读《哲学史》中的关于孔子的一部份，读过几篇《庄子》，然后再去翻阅《哲学史》中关于庄子的一部份，才会有意义，才会有真利

益。先得了孔子、庄子思想的基本概念,再去讨求关于孔子、庄子思想的评释,才是顺路。用譬喻说,《论语》、《春秋》、《诗经》、《礼记》是一堆有孔的小钱,《哲学史》的孔子一节是把这些小钱贯串起来的钱索子,《庄子》中《逍遥游》、《大宗师》等一篇一篇的文字也是小钱,《哲学史》中庄子一节是钱索子,没有钱索子,不能把一个一个的零乱的小钱加以贯串整理,固然不愉快,但只有了一根钱索子,而没有许多可贯串的小钱,究竟也觉无谓。我敢奉劝大家,先读些中国关于哲学的原书,再去读哲学史;先读些《诗经》及汉以下的诗集、词集,再去读文学史;先读些古代历史书籍,再去读《古史辨》,万一必不得已,也应一壁读哲学史文学史,一壁翻原书,以求知识的充实。钱索子原是用以串零零碎碎的小钱的,如果你有了钱索子而没有可串的许多小钱,那么你该反其道而行之,去找寻许多小钱来串才是。

国文科的学力检验 *

　　暑假快到，诸君之中有的已将在初中或高中部毕业。毕业的当儿有毕业考试，有"会考"；如果诸君是升学的，那么还须到大学、专门学校或高中部去受入学考试。总之，在毕业诸君，目前已到了学力受总检验的时期了。考试是他人用了某种程限或标准来对诸君做检验的事。检验可由他人来行，也可以由自己来行。诸君此后升学也好，不升学也好，在中学里住了三年或六年，究竟获得了多少知识，固然值得自己先来做一清算，这些知识究竟于将来自己的进修与生活上是否够用，也值得自己来一加反省与考察。诸君在某种功课上造就如何，教师当然是明白的，其实最明白还要推诸君自己。对于诸君的学力，诸君自己是公正的评判官，

─────────────

　　* 刊《中学生》四十六期（1934 年 6 月）。

133

是最适当的检验者。

中学课程中科目不少,这里试单就国文一科来说。

论理,要检验须有检验的标准。国文为中学科目中最重要的一科,也是最笼统的一科。因为文字原是一切学问的工具,而一国的文字又有关于一国的全文化,所以重要;因为内容包含太广泛,差不多包括文化及生活的全体,教学上苦于无一定的法则可以遵循,所以笼统。一篇《项羽本纪》当作历史来读,问题比较简单,只要记住历史上楚汉战争的经过情形就够了,如果当作国文来读,事情就非常复杂,史实不消说须知道,史实以外还有难字、难句,叙事的繁与简,人物描写的方法、句法、章法,以及其他现出在文中的一切文章上的规矩法则,都须教到、学到才行。这些工作,往往一项之中又兼含其他各项,倘若要一一教学用遍,究不可能,教者无法系统地教,只好任学生自己领悟,学者也无法系统地学,只好待他日自己触发。结果一篇《项羽本纪》,对于一般学生只尽了普通历史材料的责任,无法完成其在国文课上的任务。国文与历史的关系如此,对于其他各科亦然,国文科原是本身并无内容,以一切的内容为内容的,所以教学上常不免有笼统的毛病,不若其他各科的有一定步骤可分。

自古以来不知道有多少人说过多少关于学文字的规范,可是在我们看来都觉得玄虚得很,其玄虚等于中医药方上的医案。文字应该怎样学?怎样作?怎样的文字才算好?至今还未曾有人能说出一个具体的答案来。诸君这三年或六年来日日与国文教师在一堂,国文教师对于诸君的学力当然曾有相当的分别评判:某人第一,某人寻常,某人最坏。但明确的具体的标准,恐也无法对诸君宣布吧。这是难怪的,因为国文原是一个笼统的科目。

民国十八年八月教育部颁布的《中学课程暂行标准》中曾就各科目规定过初中、高中学生的毕业最低限度,其中关于国文科规定的最低限度如下:

（甲）初中国文科毕业最低限度：

（一）曾精读选文能透彻了解并熟习至少一百篇。

（二）曾略读名著十二种能了解大意并记忆其主要部份。

（三）能略知一般名著的种类名称，图书馆及工具书籍的使用，自由参考阅读。

（四）能欣赏浅近的文学作品。

（五）能以语体文作充畅的文字，无文法上错误。

（六）能阅览平易的文言文书籍。

（乙）高中国文科毕业最低限度：

（一）曾精读名著六种而能了解与欣赏。

（二）曾略读名著十二种而能大致了解与欣赏。

（三）能于中国学术思想、文学流变、文字构造、文法及修辞等有简括的常识。

（四）能自由运用语体文及平易的文言文作叙事、说理、表情、达意的文字。

（五）能自由运用最低限度的工具书。

（六）略能检用古文书籍。

这限度中有几项原也定得很笼统，甚么"名著六种"咧，"名著十二种"咧，甚么"略能"咧，"大致"咧，甚么"浅近的"咧，"平易的"咧，都是些不着边际的话。究竟所谓六种或十二种名著是些甚么书，哪一种文字叫做"平易的"、"浅近的"，也不曾下着定义。到怎样程度才是"略能"，才是"大致"，都无法说明其所以然。去年教育部所颁布的正式课程标准中，已把这"毕业最低限度"一项除去了，也许因为各科都难做明确的规定，不仅国文一科是这样吧。

国文科在性质上既如此笼统,检验的标准自然也只好凭检验者的主观来决定。前几年北平清华大学中国文学系入学国文试题之中,有一项是出了一句联语叫学生作对,一时舆论大哗,大家责备那位出题目的教授顽固、守旧。后来那位教授陈寅恪氏曾发表了一篇文字(见《青鹤》杂志一卷三期),把所以叫学生对对子的理由说明过。他说:对对子最易看出国文的学力。(甲)可以测验应试者能否分别虚实字及其应用,(乙)可以测验应试者能否分别平仄声,(丙)可以测验读书之多少及语藏之贫富,(丁)可以测验思想条理。大家见了这篇答辩都觉得不错,本来责难的人也不说甚么了。

我写这篇文字的目的,在叫中学毕业诸君自己检验自己的国文科能力,不是我来检验诸君。这里只想提出几项极普通的标准,做诸君自己检验时的参考罢了。

(一)关于写作者 在一般的学校习惯上,教师评定学生国文能力,差不多是全凭写作的。诸君历次写作的成绩,有教师的评语可做依据,甚么方面能力有馀,甚么方面能力不足,诸君平日理该自己明白,有馀的越使发挥,不足的加修弥补。不过教师的评语每次着眼点或许不同,学校中的写作成绩,又是机械地历年平均的,名为总成绩,其实颇不可靠。今为总检验计,似应另用比较具体的标准来自己检查。第一种标准是翻译,翻文言为白话也好,翻英文为汉文也好,把普通文言诗歌或所读英文的一节,忠实地翻译出来,再自己毫不放松地逐字逐句与原文加以对照,就能看出自己的能力及缺陷所在。因为翻译是有原文的,既须顾到译文,又须顾到原文,一切用字造句都不能随意轻率,一有错误,对照起来立即现出,所以是试练写作的好方法。第二种标准是评改他人的文字,把一篇他人的文字摆在面前,细心审读,好的部份加圈,坏的部份代为改窜,但好与坏都须把理由说得出,不准有丝毫的含糊。这两种标准比自由写作及命题作文来得可靠,既用不着滥调子,也

用不着虚伪的修饰。而真实的写作能力可以赤裸裸地表现无遗。诸君自己试行了这两种检验,对于成绩如不敢自定,则不妨请师长、父兄或靠得住的朋友共同批判。

(二)关于理解者　理解与写作为学习国文的两大目标,一般人日常生活上阅读的时间多于写作的时间,故理解可以说比写作更重要。理解的条件甚复杂,检验理解力最简单的标准是标点与分段。碰到一篇艰深的文章或一本书,如果你能逐句读得断,全体分得成段落,可以说你对于这篇文章或这本书已大致能理解的了。次之是常识的测验,有人把陶潜《桃花源记》中的"晋太元中"解作"山西太原府",把"安禄山"解作西北之高山,这样的大笑话,其原因是常识不足。以前所说国文科原是本身并无内容,以一切的内容为内容的。在普通文字中所谓内容,无非是些常识而已。中学毕业生尽可不懂偏僻的术语,普通书中常用的名词究非知道不可。近来大学或专门学校的入学试题中常有常识测验一个项目,你可以把各校的测验题目拿来测验自己,如自觉能力欠缺,就亟须自己补救。补救的方法是多问、多翻字典。

(三)关于语汇者　我们的言语,是因了性质或门类有着成串的排列的。表示一个意思的词不止一个,一个词又可与他词合成另一个词。这种成串的词类,普通叫做语汇,或叫语藏。语汇分两种:(甲)理解语汇。理解语汇是帮助阅读时的理解的,譬如说,一个"观"字共有多少个解释? 和他词拼合起来,在头上者如"观念"、"观感"、"观光"、"观察"……共有多少个? 在末尾者如"楼观"、"壮观"、"人生观"、"达观"、"贞观"……共有多少个? 其中你所知道的有几个? 这个检验,某字在头上者,最好用你日常所用的词典来做依据,至于某字在末尾者,可去一翻《佩文韵府》等类书。或任择数字叫朋友和你来竞争了一一写出,看谁写的最多,也可以。这类语汇丰富的人,就是理

解丰富的人。(乙)运用语汇。这是从写作方面说的。譬如一个"笑"字,你在写作中运用"笑"字的时候,因了情形,能换出几种花样来?与"笑"一系的词,有"解颐"、"哄堂"、"捧腹"、"喷饭"、"莞尔"……形容"笑"的程度的词,有"呵呵"、"哈哈"、"嘻嘻"……你知道的有几个?每一个意思因了情形或程度,自有一串的语汇,语汇丰富的人写作时才能多方应用,各得其所,犹之作战需用多数的军队。你该任就几个意思,把可用的词列举出来,像检阅部下军队似地自己检验一下。如果你自觉所贮藏的可用的词不多,那就得随时留意,好好加以补充。

(四)其他　学习国文的重要目标,不外写作与理解二事,上面已把写作与理解的检验方法摘要说过了。前项所说的语汇是关系于写作与理解双方的,所以特别提开来说。此外尚有几种值得注意的方面:(甲)书法。书法在科举时代向为检验国文能力的重要标准,自改办学校教育以来,就被忽视了。其实书法与我们实际生活关系甚密,在现代生活中差不多没有人可以一日不执笔的,现代工商社会中人,用笔的工作比从前士大夫都要忙。书法好坏的标准,现代亦和从前不同,应以敏捷、正确、匀净为目标,不会写端楷,不会临碑版,倒不要紧。寻常需要的是行书,是钢笔字。你对于这二者已用过相当的功夫了没有?如果你只会写那些文课里的方格字,而不能写社会上实际需要的别种样式的字,那么我劝你自己赶快补习。(乙)书写的格式。学校里的文课,所读的选文,书写的格式都是平板一律的,可是我们实际生活上所写的东西,各有一定的格式,不合这些格式,即使你书法很好也不相干。举例说吧,一封信里,受信者的名字与发信人的名字,各有一定的位置。年月日该写在甚么地方,也有一定的规矩。何种字面须提行写或空一格写?如果这封信不止一张,第二张至少该在第几行完结才不难看?又,信封上地名与人名应该怎样安排?诸如此类,问题不少。此外如契据的格式,章程的

格式,公文的格式,简帖的格式,很多很多,你对于这种方面已知道大略的情形了吗? 如果你只知道抄录文课的老格式,不懂得别的东西的写法,只会作家书及对于知己友人的通讯,不会对别的生疏未熟的人写一封客气点的信,那么我劝你自己赶快补习。(丙)讹写与音误。这就是所谓"写别字"和"读别字"了。在我所见到的中学生的投稿中,别字是常碰到的,别字和简笔字不同,简笔字近来颇有人提倡,因为书写便利,原该通融采纳。至于别字,究是浅陋、幼稚的暴露,而且有碍意思的传达,大宜加以留意。证诸过去的文课,如果你自己知道是常写别字的,最好把《字辨》或《字学举隅》等类的书来补看一遍。至于读别字,在人前常会被暗笑,遇到自己以为靠不住的读音,须得随时检查字典。否则在人前不把未知道读法的字朗读,也是藏拙之一法。

市上正流行着甚么《会考指南》、《升学必携》等类的书册,这类书册的效力如何,我不知道。我这篇文字,目的在叫毕业诸君乘此文凭将要到手的时候,自己来做一回检验。不但对于升学的说,也对于不升学的说的,我所说的只是老实话,并无别的巧妙的秘诀,不知读者会失望否。

阅读甚么

*

中学生诸君:我在这回播音所担任的是中学国语科的节目。国语科有好几个方面,我想对诸君讲的是些关于阅读方面的话。预备分两次讲,一次讲"阅读甚么",一次讲"怎样阅读"。今天先讲"阅读甚么"。

让我在未讲到正文以前,先发一句荒唐的议论。我以为书这东西是有消灭的一天的。书只是供给知识的一种工具,供给知识其实并不一定要靠书。试想,人类的历史不知已有多少年,书的历史比较起来是很短很短的。太古的时代并没有书,可是人类也竟能生活下来,他们的知识原不及近代人,却也不能说全没有知识。足见书不是知识的唯一的来源,要得知识并不一

---

* 本文是向全国中学生作的广播稿,刊《中学生》第六十一期(1936 年 1 月)。

定要靠书的了。古代的事，我们只好凭想像来说，或者有些不可靠，再看现在的情形吧。今天的讲演是用无线电播送给诸君听的，假定听的有一万人，如果我讲得好，有益于诸君，那效力就等于一万个人各读了一册"读书法"或"读书指导"等类的书了。我们现在除无线电话以外还有电影可以利用，历史上的事件，科学上的制造，如果用电影来演出，功效等于读历史书和科学书。假定有这么一天，无线电话和电影发达得很进步普遍，放送的材料有人好好编制，适于各种人的需要，那么书的用处会逐渐消灭，因为这些利器已可代替书了。我们因了想像知道太古时代没有书，将来也可不必有书，书的需要可以说是一种过渡时代的现象。

今天所讲的题目是"阅读甚么"，方才这番议论好像有些荒唐，文不对题。其实我的意思只是想借此破除许多读书的错误观念。我也承认书本在今日还是有用的，我们生存在今日，要求知识，最普通、最经济的方法还是读书。可是一向传下来的读书观念，很有许多是错误的。有些人把读书认为高尚的风雅事情，把书本当作玩好品古董品，好像书这东西是与实际生活无关，读书是实际生活以外的消遣工作。有些人把书认为唯一的求学的工具，以为所谓求知识就是读书的别名，书本以外没有知识的来路。这两种观念都是错误的，犯前一种错误的以一般人为多，犯后一种错误的大概是青年人，尤其是日日手捏书本的中学生诸君。

我以为书只是求知识的工具之一，我们为了要生活，要使生活的技能充实，就得求知识。所谓知识，决不是甚么装饰品，只是用来应付生活，改进生活的技能。譬如说，我们因为要在自然界中生存，要知道利用自然界理解自然界的情形，才去学习物理、化学和算学等科目；我们因为要在这世界上做人，才去学习世界情形，修习世界史和世界地理等科目；我们因为要做现在的中国人民，才去学习本国历史、地理、公民等科目。学习的方法可有各式

各样,有时须用实验的方法,有时须用观察的方法,有时须用演习的方法,并不一定都依靠书。只因为书是文字写成的,文字是最便利的东西,可把世间一切的事情,一切的道理都记载出来,印成了书,随时随地可以翻看,所以书就成了求知识的重要的工具,值得大众来阅读了。

以上是我对于书的估价,下面就要讲到今天的题目"阅读甚么"了。

青年人应该读些甚么书?这是一个从古以来的大问题,对于这问题从古就有许多人发表过许多议论,近十年来这问题也着实热闹,有好几位先生替青年开过书目单,其中比较有名的是梁启超先生和胡适之先生所开的单子。诸君之中想必有许多人见过这些单子的。我今天不想再替诸君另开单子,只想大略地告诉诸君几个着手的方向。

我想把读书和生活两件事联成一气、打成一片来说,在我的见解,读书并不是风雅的勾当,是改进生活、丰富生活的手段,书籍并不是茶馀酒后的消遣品,乃是培养生活上知识技能的工具。一个人该读些甚么书,看些甚么书,要依了他自己的生活来决定、来选择。我主张把阅读的范围,分成三个,(一)是关于自己的职务的,(二)是参考用的,(三)是关于趣味或修养的。举例子来说,做内科医生的,第一应该阅读的是关于内科的书籍杂志,这是关于自己职务的阅读,属于第一类。次之是和自己的职务无直接关系,可以做研究上的参考,使自己的专门知识更丰富、确切的书,如因疟疾的研究,而注意到蚊子的种类,便去翻某种生物学书;因了疟蚊的分布,便去翻阅某种地理书;因了某种药物的性质,便去查检某种的植物书、矿物书;因了某一词儿的怀疑,便去翻查某种辞典,这是参考的阅读,属于第二类。再次之这位医生除了医生的职务以外,当然还有趣味或修养的生活。在趣味方面,他如果是喜欢下围棋的,不妨看看关于围棋的书,如果是喜欢摄影的,不妨看看关于摄影的书,如果是喜欢文艺的,不妨看看诗歌、小说一类的书。在修养方

面,他如果是有志于品性的修炼的,自然会去看名人传记或经典格言等类的书,如果是觉得自己身体非锻炼不可的,自然会去看游泳、运动等类的书。这是趣味或修养方面的阅读,属于第三类。第一类关于职务的书是各人不相同的,银行家所该阅读的书和工程师不同,农业家所该阅读的书和音乐家不同。第二类的参考书,是因了专门业务的研究随时连类牵涉到的,也不能划出一定的种数。至于第三类的关于趣味或修养的书,更该让各个人自由分别选定。总而言之,读书和生活应该有密切的关联。

上面我把阅读的范围分为三个,(一)是关于个人职务的,(二)是参考的,(三)关于趣味或修养的。下面我将根据了这几个原则对中学生诸君讲"阅读甚么"的问题。

先讲关于职务的阅读。诸君的职务是甚么呢?诸君是中学生,职务就在学习中学校的各种功课。诸君将来也许会做官吏、做律师、开商店、做教师,各有各的职务吧,现在却都在中学校受着中等教育,把中学校所规定的各种功课,好好学习,就是诸君的职务了。诸君在职务上该阅读的书不是别的,就是学校规定的各种教科书。诸君对于我这番话也许会认为无聊吧,也许有人说,我们每日捧了教科书上课堂、下课堂,本来天天在和教科书做伴侣,何必再要你来嘈杂呢?可是,我说这番话,自信态度是诚恳的。不瞒诸君说,我也曾当过许多年的中学教师,据我所晓得的情形,中学生里面能够好好地阅读教科书的人并不十分多。有些中学生喜欢读小说,随便看杂志,把教科书丢在一边,有些中学生爱读英文或国文,看到理化、算学的书就头痛。这显然是一种偏向的坏现象。一般的中学生虽没有这种偏向的情形,也似乎未能充分地利用教科书。教科书专为学习而编,所记载的只是各种学科的大纲,原并不是甚么了不得的著作,但对于学习还是有价值的工具。学习一种功课,应该以教科书为基础,再从各方面加以扩充,加以比较、观

察、实验、证明等种种切实的功夫,并非胡乱阅读几遍就可了事。举例来说,国语科的读书,通常是用几篇选文编成的,假定一册国文读本共有三十篇文章,你光是把这三十篇文章读过几遍,还是不够,你应该依据了这些文章做种种进一步的学习,如文法上的习惯咧、修辞上的方式咧、断句和分段的式样咧,诸如此类的事项,你都须依据了这些文章来学习,收得扼要的知识才行。仅仅记牢了文章中所记的几个故事或几种议论,不能算学过国语一科的。再举一个例来说,算学教科书里有许多习题,你得一个一个地演习,这些习题,一方面是定理或原则的实际上的应用,一方面是使你对于已经学过的定理或原则更加明了的。例如四则问题有种种花样,龟鹤算咧、时计算咧、父子年岁算咧,你如果只演习了一个个的习题,而不能发见这些习题中的共通的关系或法则,也不好称为已学会了四则。依照这条件来说,阅读教科书并非容易简单的工作了。中学科目有十几门,每门的教科书先该平均地好好阅读,因为学习这些科目是诸君现在的职务。

次之讲到参考书。如果诸君之中有人问我,关于某一科应看些甚么参考书?我老实无法回答。我以为参考书的需要因特种的题目而发生,是临时的,不能预先决定。干脆地说,对于第一种职务的书籍阅读得马马虎虎的人,根本没有阅读参考书的必要。要参考,先得有题目,如果心里并无想查究的题目,随便拿一本书来东翻西翻,是毫无意味的傻事,等于在不想查生字的时候去胡乱翻字典。就国语科举例来说,诸君在国语教科书里读到一篇陶潜的《桃花源记》,如果有不曾明白的词儿,得翻辞典,这时辞典(假定是《辞源》)就成了参考书。这篇文章是晋朝人做的,如果诸君觉得和别时代人所写的情味有些两样,要想知道晋代文的情形,就会去翻中国文学史(假定是谢无量编的《中国文学史》),这时文学史就成了诸君的参考书。这篇文章里所写的是一种乌托邦思想,诸君平日因了师友的指教,知道英国有一位名

叫马列斯的社会思想家写过一本《理想乡消息》和陶潜所写的性质相近，拿来比较，这时，《理想乡消息》就成了诸君的参考书。这篇文章是属于记叙一类的，诸君如果想明白记叙文的格式，去翻看《记叙文作法》（假定是孙俍工编的），这时《记叙文作法》就成了诸君的参考书。还有，这篇文章的作者叫陶潜，诸君如果想知道他的为人，去翻《晋书·陶潜传》或《陶集》，这时《晋书》或《陶集》就成了诸君的参考书。这许多参考书是因为有了题目才发生的，没有题目，参考无从做起，学校图书室虽藏着许多的书，诸君自己虽买有许多的书，也毫无用处。国语科如此，别的科目也一样。诸君上历史课听教师讲英国的工业革命一课，如果对于这件历史上的事迹发生了兴趣或问题，就自然会请问教师得到许多的参考书，图书馆里藏着的《英国史》，各种经济书类，以及近来杂志上所发表过的和这事有关系的单篇文字，都成了诸君的参考书了。所以，我以为参考书不能预先开单子，只能照了所想参考的题目临时来决定。在到图书馆去寻参考书以前，我们应该先问自己，我所想参考的题目是甚么？有了题目，不知道找甚么书好，这是可以问教师、问朋友、查书目的，最怕的是连题目都没有。

上面所讲的是关于参考书的话。再其次要讲第三种关于趣味修养的书了。这类的书可以说是和学校功课无关的，不妨全然照了自己的嗜好和需要来选择。一个人的趣味是会变更的，一时喜欢绘画的人，也许不久会喜欢音乐，喜欢文学的人，也许后来会喜欢宗教。至于修养，方面更广，变动的情形更多。在某时候觉得自己身心上的缺点在甲方面，该补充矫正。过了些时，也许会觉得自己身心上的缺点在乙方面，该补充矫正了。这种自然的变更，原不该勉强拘束，最好在某一时期，勿把目标更动。这一星期读陶诗，下一星期读西洋绘画史，趣味就无法涵养了。这一星期读曾国藩家书，下一星期读程、朱语录，修养就难得效果了。所以，我以为这类的书，在同一时期

中，种数不必多，选择却要精。选定一二种，须定了时期来好好地读。假定这学期定好了某一种趣味上的书，某一种修养上的书，不妨只管读去，正课以外，有闲暇就读，星期日读，每日功课完毕后读，旅行的时候在车上、船上读，逛公园的时候坐在草地上读。如果读到学期完了，还不厌倦，下学期依旧再读，读到厌倦了为止。诸君听了我这番话，也许会骇异吧。我自问不敢欺骗诸君，诸君读这类书，目的不在会考通过，也不在毕业迟早，完全为了自己受用，一种书读一年，读半年，全是诸位的自由，但求有益于自己就是，用不着计较时间的长短。把自己欢喜读的书永久地读，是有意义的。赵普读《论语》，是有名的历史故事。日本有一位文学家名叫坪内逍遥的，新近才死，他活了近八十岁，却读了五十多年的莎士比亚剧本。

我的话已完了。现在来一个结束。我以为：书是供给知识的一种工具，读书是改进生活、丰富生活的手段，该读些甚么书要依了生活来决定选择。首先该阅读的是关于职务的书，第二是参考书，第三是关于趣味修养的书。中学生先该把教科书好好地阅读，因为中学生的职务就在学习中学校课程。参考书可因了所要参考的题目去决定，最要紧的是发现题目。至于趣味修养的书可自由选择，种数不必多，选择要精，读到厌倦了才更换。

怎样阅读 *

前天我曾对中学生诸君讲过一次话,题目是《阅读甚么》。今天所讲的,可以说是前回的连续题目,是《怎样阅读》。前回讲"阅读甚么",是阅读的种类;今天讲"怎样阅读",是阅读的方法。

"怎样阅读"和"阅读甚么"一样,也是一个老问题,从来已有许多人对于这问题说过种种的话。我今天所讲的也并无前人所没有发表过的新意见、新方法,今天的话是对中学生诸君讲的,我只希望我的话能适合于中学生诸君就是了。

我在前回讲"阅读甚么"的时候,曾经把阅读的范围划成三个方面:第一是职务上的书,第二是参考的书,

---

 * 本文是向全国中学生作的广播稿,刊《中学生》第六十一期(1936年1月)。

第三是趣味修养的书。中学生的职务在学习,中学校的课程,中学校的各科教科书属于第一类;学习功课的时候须有别的书籍做参考,这些参考书属于第二类;在课外选择些合乎自己个人趣味或有关修养的书来阅读,这是第三类。今天讲"怎样阅读",也仍想依据了这三个方面来说。

先讲第一类关于诸君职务的书,就是教科书。摆在诸君案头的教科书有两种性质可分,一种是有严密的系统的,一种是没有严密的系统的。如算学、理化、地理、历史、植物、动物等科的书,都有一定的章节,一定的前后次序,这是有系统的。如国文读本,如英文读本,就定不出严密的系统,一篇韩愈的《原道》可以收在初中国文第一册,也可以收在高中国文第二册;一篇佛兰克林的传记,可以摆在初中英文第三册,也可以摆在高中英文第二册。诸君如果是对于自己所用着的教科书留心的,想来早已知道这情形。这情形并不是偶然的,可以说和学科的性质有关。有严密的系统的是属于一般的所谓科学,像国文、英文之类是专以语言文字为对象的,除文法、修辞教科书外,一般所谓读本、教本,都是用来做模范做练习的工具的东西,所以本身就没有严密的系统了。教科书既然有这两种分别,阅读的方法就也应该有不同的地方。

如果把阅读分开来说,一般科学的教科书应该偏重于阅,语言文字的教科书应该偏重在读。一般科学的教科书虽也用了文字写着,但我们学习的目标并不在文字上,譬如说,我们学地理、学化学,所当注意的是地理、化学书上所记着的事项本身,这些事项除图表外原用文字记着,但我们不必专从文字上记忆揣摩,只要从文字去求得内容就够了。至于语言文字的学科就不同,我们在国文教科书里读到一篇文章——假定是韩愈的《画记》,这时我们不但该知道韩愈这个人,理解这篇《画记》的内容,还该有别的目标,如文章的结构、词句的式样、描写表现的方法等等,都得加以研究。如果读韩愈

的《画记》，只知道当时曾有过这样的画，韩愈曾写过这样的一篇文章，那就等于不曾把这篇文章当作国文功课学习过。我们又在英文教科书里读华盛顿砍樱桃树的故事，目的并不在想知道华盛顿为甚么砍樱桃树，砍了樱桃树后来怎样，乃是要把这故事当作学习英文的材料，收得英文上种种的法则。所以"阅读"两个字不妨分开来用，一般科学的教科书应懂它的内容，不必从文字上去瞎费力，只要好好地阅就行，像国文、英文两门是语言文字的功课，应在形式上多用力，只阅不够，该好好地读。

不论是阅或是读，对于教科书该毫不放松，因为这是正式功课，是诸君职务上的工作。有疑难，得去翻字典；有问题，得去查书。这就是所谓参考了。参考书是为用功的人预备的，因为要参考先得有参考的项目或问题，这些项目或问题，要阅读认真的人才会从各方面发生。这理由我在前回已经讲过，诸君听过的想尚还能记忆，不多说了。现在让我来说些阅读参考书的时候该注意的事情。

第一，我劝诸君暂时认定参考的范围，不要把自己所要参考的项目或问题抛荒。我们查字典，大概把所要查的字或典故查出了就满足，不会再分心在字典上的。可是如果是字典以外的参考书，一不小心，往往有辗转跑远的事情。举例来说，你读《桃花源记》，为了"乌托邦思想"的一个项目，去把马列斯的《理想乡消息》来做参考书读，是对的，但你得暂时记住，你所要参考的是"乌托邦思想"，不是别的项目。你不要因读了马列斯的这部《理想乡消息》就把心分到很远的地方去。马列斯是主张美术的，是社会思想家，你如果不留意，也许会把所读的《桃花源记》忘掉，在社会思想咧、美术咧等等的念头上打圈子，从甲方面转到乙方面，再从乙方面转到丙方面，结果会弄得头脑杂乱无章。我们和朋友谈话的时候，常有把话头远远地扯开去，忘记方才所谈的是甚么的。这和因为看参考书把本来的题目抛荒，情形很相像。

懂得谈话方法的人,碰到这种情形常会提醒对手把话说回来,回到所要谈的事情上去。看参考书的时候,也该有同样的注意,和自己所想参考的题目无直接关系的方面,不该去多分心。

第二,是劝诸君乘参考之便,留意一般书籍的性质和内容大略。除了查检字典和翻阅杂志上的单篇文字以外,所谓参考书者,普通都是一部一部的独立的书籍。一部书有一部书的性质、内容和组织式样,你为了参考,既有机会去见到某一部书,乘便把这一部书的情形知道一些,是并不费事的。诸君在中学里有种种规定要做的工作,课外读书的时间很少,有些书在常识上、将来应用上却非知道不可,例如,我们在中学校里不读“二十五史”、“十三经”,但“二十五史”、“十三经”是怎样的东西,却是该知道的常识。我们不做基督教徒,不必读圣书,但《新约》和《旧约》的大略内容,却是该知道的常识。如果你读历史课,对于“汉武帝扩展疆土”的题目,想知道得详细一点,去翻《史记》或是《汉书》,这时候你大概会先翻目录吧;你翻目录,一定会见到“本纪”、“列传”、“表”、“志”或“书”等等的名目,这就是《史记》或《汉书》的组织构造。你读了里面的《汉武帝本纪》一篇,或全篇里的几段,再把这些目录看过,在你就算是对于《史记》或《汉书》发生过关系,《史记》、《汉书》是怎样的书,你可懂得大概了。再举一个例来说,你从植物学或动物学教师口头听到“进化论”的话,你如果想对这题目多知道些详细情形,你可到图书馆去找书来看。假定你找到了一本陈兼善著的《进化论纲要》,你可先阅序文,看这部书是讲甚么方面的,再查目录,看里面有些甚么项目。你目前所参考的也许只是其中的一节或一章,但这全书的概括知识,于你是很有用处的。你能随时留心,一年之中,可以收得许多书籍的概括的大略知识,久而久之,你就知道哪些书里有些甚么东西,要查哪些事项,该去找甚么书,翻检起来,非常便利。

　　以上所说的是关于参考书的话。参考书因参考的题目随时决定，阅读参考书的时候，要顾到自己所参考的题目，勿使题目抛荒，还要把那部书的序文、目录留心一下，记个大略情形，预备将来的翻检便利。

　　以下应该讲的是趣味修养的书，这类的书，我在上回曾经讲过，种数不必多，选择要精。一种书可以只管读，读到厌倦才止。这类的书，也该尽量地利用参考书。例如：你现在正读着杜甫的诗集，那么有时候你得翻翻杜甫的传记、年谱以及别人诗话中对于杜诗的评语等等的书。你如果正读着王阳明的《传习录》，你得翻翻王阳明的集子、他的传记以及后人关于程、朱、陆、王的论争的著作。把自己正在读着的书做中心，再用别的书来做帮助，这样，才能使你读着的书更明白，更切实有味，不至于犯浅陋的毛病。

　　上面所讲的是三种书的阅读方法。关于"阅读"两个字的本身，尚有几点想说说。我方才曾把教科书分为两种性质：一种是属于一般的科学的，有严密的系统；一种是属于语言文字的，没有严密的系统。我又曾说过，属于一般科学的该偏重在阅，属于语言文字的，只阅不够，该偏重在读。现在让我再进一步来说，凡是书都是用语言文字写成的，照普通的情形看来，一部书可以含有两种性质：书本身有着内容，内容上自有系统可寻，性质属于一般科学；书是用语言文字写着的，从形式上去推究，就属于语言文字了。一部《史记》，从其内容说是历史，但是也可以选出一篇来当作国文科教材。诸君所用的算学教科书，当然是属于科学一类的，但就语言文字看，也未始不可为写作上的参考模范。算学书里的文章，朴实正确，秩序非常完整，实是学术文的好模样。这样看来，任何书籍都可有两种说法，如果就内容说，只阅可以了，如果当作语言文字来看，那么非读不可。

　　这次播音，教育部托我担任的是中学国语科的讲话，我把我的讲话限在阅读方面。我所讲的只是一般的阅读情形，并未曾专就国语一科讲话。诸

君听了也许会说我的讲话不合教育部所定的范围条件吧。我得声明,我不承认有许多独立存在的所谓国语科的书籍,书籍之中除了极少数的文法、修辞等类以外,都可以是不属于国语科的。我们能说《论语》、《孟子》、《庄子》、《左传》是国语吗?能说《红楼梦》、《水浒》、《三国演义》是国语吗?可是如果从形式上着眼,当作语言文字来研究,那就没有一种不是国语科的材料,不但《论语》、《孟子》、《庄子》、《左传》是国语,《红楼梦》、《水浒》、《三国演义》是国语,诸君的物理教科书、植物教科书也是国语,甚至于张三的卖田契、李四的家信也是国语了。我以为所谓国语科,就是学习语言文字的一种功课;把本来用语言文字写着的东西,当作语言文字来研究,来学习,就是国语科的任务。所以我只讲一般的阅读,不把国语科特别提出。这层要请诸位注意。

把任何的书,从语言文字上着眼去学习研究,这种阅读,可以说是属于国语科的工作。阅读通常可分为两种,一是略读,一是精读。略读的目的在理解,在收得内容;精读的目的在揣摩,在鉴赏。我以为要研究语言文字的法则,该注重于精读。分量不必多,要精细地读,好比临帖,我们临某种帖,目的在笔意相合,写字得它的神气,并不在乎抄录它的文字。假定这部帖里共有一千个字,我们与其每日瞎抄一遍,全体写一千个字,倒不如拣选十个或二十个有变化的有趣味的字,每字好好地临几遍,来得有效。诸君读小说,假定是茅盾的《子夜》,如果当作语言文字的学习的话,所当注意的不但该是书里的故事,对于书里面的人物描写、叙事的方法、结构照应以及用辞、造句等等也该大加注意。诸君读诗歌,假定是徐志摩的诗集,如果当语言文字学习的话,不但该注意诗里的大意,还该留心它的造句、用韵、音节以及表现、着想、对仗、风格等等的方面。语言文字上的变化技巧,其实并不十分多的,只要能留心,在小部份里也大概可以看得出来。假定一部书有五百页,每一页有一千个字,如果第一页你能看得懂,那么我敢保证,你是能把全书

看懂的。因为全书所有的语言文字上的法则在第一页一千字里面大概都已出现。举例来说,文法上的法则,像动词的用法、接续词的用法、形容词的用法、助词的用法,以及几种句子的结合法,都已出现在第一页了。我劝诸君能在精读上多用力。

　　为了时间关系,我的话就将结束。我所讲的话,乱杂、疏漏的地方自己觉得很多,请诸君代去求教师替我修正。关于中学国语科的阅读,我几年前曾发表过好些意见,所说的话和这回大有些不同。记得有两篇文章,一篇叫做《关于国文的学习》,载在《中学各科学习法》(《开明青年丛书》之一)里,还有一篇叫《国文科课外应读些甚么》,载在《读书的艺术》(《中学生杂志丛刊》之一)里,诸君如未曾看到过的,请自己去看看,或者对于我这回的讲话,可以得到一些补充。我这无聊的讲话,费了诸君许多课外的时间,对不起得很。

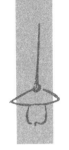

学习国文的着眼点[*]

上

中学生诸君：这回我承教育部的委托，来担任关于国文科的讲演。讲演的题目叫做《学习国文的着眼点》。打算分两次讲，今天先来一个大纲，下次再讲具体的方法。

为了要使听众明了起见，开始先把我的意见扼要地提出。我主张学习国文该着眼在文字的形式方面。就是说，诸君学习国文的时候，该在文字的形式方面去努力。

所谓形式，是对内容说的。诸君学过算学，知道算学上的式子吧，"1＋2＝3"这个式子可以应用于种种不同

---

[*]　本文是向全国中学生作的广播稿，刊《中学生》第六十八期（1936年10月）。

的情形,譬如说一个梨子加两个梨子等于三个梨子,一只狗加两只狗等于三只狗,无论甚么都适用。这里面,"1＋2＝3"是形式,"梨子"或"狗"是内容。算式上还有用"X"的,那更妙了,算式中凡是用着"X"的地方,不拘把甚么数字代进去都适合,这时候"1"、"2"、"3"等等的数字是内容,"X"是形式了。

让我们回头来从国文科方面讲,文字是记载事物发挥情意的东西,它的内容是事物和情意,形式就是一个个的词句以及整篇的文字。文字的内容是各各不同的,同是传记,因所传的人物而不同,同是评论,有关于政治的,有关于学术的,有关于经济的,同是书信,有讨论学问的,接洽事务的,可以说一篇文字有一篇文字的内容,无论别人所写或自己所写,每篇文字决不会有相同的内容的。内容虽然各不相同,形式上却有相同的地方,就整篇的文字说,有所谓章法、段落、结构等等的法则,就每一句说,有所谓句子的构成及彼此结合的方式,就每句中所用的词儿说,也有各种的方法和习惯。此外因了文字的体裁,各有一定共通的样式,例如,书信有书信的样式,章程有章程的样式,记事文有记事文的样式,论说文有论说文的样式。这种都是形式上的情形,和文字的内容差不多无关。我以为在国文科里所应该学习的就是这些方面。

国文科是语言文字的学科,和别的科目性质不同,这只要把诸君案头上教科书拿来比较,就可明白。别的科目的教科书如动物、植物、历史、地理、算术、代数,都是分章节的,全书共分几章,每章之中又分几个小节,前一章和后一章,前一节和后一节,都有自然的顺序,系统非常完整,可是国文科的教科书就不是这样了。诸君所读的国文教材,大部份是所谓选文,这些选文是一篇一篇的东西,有的是前人写的,有的是现代人写的,前面是《史记》里的一节,接上去的也许可以是《红楼梦》或《水浒传》的一节,前面是古人写的书信,接上去的也许会是现代人的小说。这种材料的排列,谈不到甚么秩序

和系统,至于内容,更是杂乱得很。别的科目的内容是以我们所需要的知识为范围排列着的,植物教科书告诉我们关于植物的一般常识,历史教科书告诉我们人类社会活动进步的经过,地理教科书告诉我们地面上的种种现象和人类的关系,都有一定的内容可说。但是国文教科书的内容是甚么呢?却说不出来。原来国文科的内容甚么都可以充数,忠臣孝子的事迹固然可以做国文的内容,苍蝇蚊子的事情也可以做国文的内容,诸君试把已经读过的文字回忆一下,就可发见内容上的杂乱的情形。国文科的内容不但杂乱,而且有许多不是我们所需要的。譬如说:现在已是飞机炸弹的时代了,我们所需要的是最新的战争知识,而在国文教科书里所选到的还是单刀匹马式的《三国志演义》或《资治通鉴》里的一节。我们已是二十世纪的共和国公民了,从前封建时代的片面的道德观念已不适用,可是我们所读的文字,还有不少以宗祧、贞烈等为内容的。我们是青年人,青年人所需要的是活泼、勇猛的精神,可是国文教科书里尽有不少中年人或老年人所写的颓唐、感伤的作品,甚至于还有在思想上、态度上已经明白落伍了的东西。国文科的教材如果从内容上看来,真是杂乱而且不适合的。有些教育者见到了这一层,于是依照了内容的价值来编国文教科书,他们预先定下了几个内容项目,以为青年应该孝父母,爱国家,应该交友有信,应该办事有恒,于是选几篇孝子的传记排在一组,选几篇忠臣、烈士的故事排在一组,这样一直排下去。这办法无异叫国文科变成了修身科或公民科,我觉得也未必就对。给青年读的文字当然要选择内容好的,但内容的价值,在国文科究竟不是真正的目的。

我的意思,国文科是语言文字的学科,除了文法、修辞等部份以外,并无固定的内容的。只要是白纸上写有黑字的东西,当作文字来阅读来玩味的时候,甚么都是国文科的材料。国文科的学习工作,不在从内容上去深究探讨,倒在从文字的形式上去获得理解和发表的能力。凡是文字,都是作者的

表现。不管所表现的是一桩事情,一种道理,一件东西或一片情感,总之逃不了是表现。我们学习国文所当注重的,并不是事情、道理、东西或感情的本身,应该是各种表现方式和法则。诸君读英文的时候,曾经读过《龟兔竞走》的故事吧。诸君读这故事,如果把注意力为内容所牵住,只记得兔最初怎样自负,怎样疏忽,怎样睡熟,龟怎样努力,怎样胜过了兔等等一大串,而忘却了本课里的所有的生字、难句,及别种文字上的方式,那么结果就等于只听到了"龟兔竞走"的故事,并没有学到英文。国文和英文一样,同是语言文字的科目,凡是文字语言,本身都附带有内容,文字语言本来就是为了要表现某种内容才发生的,世间决不会有毫无内容的文字语言。不过在国文科里,我们所要学习的是文字语言上的种种格式和方法,至于文字语言所含的内容,倒并不是十分重要的东西。我们自己写作的时候,原也需要内容,这内容要自己从生活上得来,国文教科书上所有的内容,既乱杂,又陈腐,反正是不适用、不够用的。我们的目的是要从古人或别人的文字里学会了记叙的方法,来随便叙述自己所要叙述的事物;从古人或别人的文字里学会了议论的方法,来随便议论自己所想议论的事情。

学习国文,应该着眼在文字的形式上,不应该着眼在内容上,这理由上面已经说了许多,想来诸君已可明白了。有一件事要请大家注意,就是文字的内容是有吸引人的力量的东西,我们和文字相接触的时候,容易偏重内容忽略形式。老实说,一般的文字语言的法则,在小学教科书里差不多已完全出现了,诸君在未进中学以前,曾经读过六年的国语,教科书共有十二册。这十二册教科书照理应该把一般的文字语言的法则包括无遗。可是据我所知道的情形看来,似乎从小学出来的人都未能把这些法则完全取得。这是不足怪的,文字语言具有内容、形式两个方面,要想离开内容去注意它的形式,多少需要有冷静的头脑。小学国语教科书的内容更不同,总算是依照了

儿童生活情形编造的,内容的吸引力更大,更容易叫读的人忽略形式方面。用实在的例来说,依年代想来,诸君在小学里学国语,第一课恐怕是"狗,大狗,小狗,大狗叫,小狗跳"吧。这寥寥几个字,如果从文字的形式上着眼去玩味,有单语和句子的分别,有形容词和名词的结合法,有押韵法,有对偶法,有字面重叠法,但是试问诸君当时读这课书,曾经顾着到这些吗?那时先生学着狗来叫给诸君听,跳给诸君看,又在黑板上画大狗画小狗,对诸君讲狗的故事,诸君心里又想起家里的"小花"或是间壁人家的"来富",整个的兴趣都被内容吸引去了,哪里还有工夫来顾到文字形式上的种种方面。据我的推测,诸君之中大多数的人,在小学里学习国语,经过情形就是如此的。不但小学时代如此,诸君之中有些人在中学里读国文的情形恐怕还是如此。诸君读到一篇烈士的传记,心里会觉得兴奋吧。读到一篇悲情的小说,眼里会为之流泪吧。读到一篇干燥无味的科学记载,会感到厌倦吧。这种现象在普通读书的时候是应该的,不足为怪,如果在学习文字的时候,要大大地自己留意。对于一篇文字或是兴奋,或是流泪,或是厌倦,都不要紧,但得在兴奋、流泪或厌倦之后,用冷静的头脑去再读再看,从文字的种种方面去追求,去发掘。因为你在学习国文,你的目的不在兴奋,不在流泪,不在厌倦,在学习文字呀。

竟有许多青年,在中学已经毕业,文字还写不通的,其原因不消说就在平时学习国文未得要领。文字的所以不通,并不是缺乏内容,十之八九毛病在文字的形式上。这显然是一向不曾在文字的形式上留意的缘故。他们每日在国文教室里对了国文教科书或油印的选文,只知道听教师讲典故,讲作者的故事,典故是讲不完的,故事是听不完的,一篇一篇的作品也是读不完的。学习国文,目的就在学得用文字来表现的方法,他们只着眼于别人所表现着的内容本身,不去留心表现的文字形式,结果当然是劳而无功的。

从前的读书人学文字，把大半的工夫花在揣摩和诵读方面。当时可读的东西没有现在的多，普通人所读的只是几部经书和几篇限定的文章。说到内容，真是狭陋得很。所写的文字也只有极单调的一套，如"且夫天下之人……往往然也"之类。他们的文字虽然单调，在形式上倒是通的，只是内容空虚、顽固得可笑而已。近来学生的文字，毛病适得其反，内容的范围已扩张得多了，缺点往往在形式上。这是值得大大地加以注意的。

我的话完了，今天说了不少的话，最重要的只有一句，就是说，学习国文应该着眼在文字的形式方面。至于具体的学习方法，留到下一回再讲。

下

中学生诸君：前两天，我曾有过一回讲演，题目叫做《学习国文的着眼点》，大意是说，学习国文应该从文字的形式上着眼。今天所讲的是前回的连续，前回只讲了一番大意，今天要讲到具体的方法。

学习国文的方法，从古到今不知道已有多少人说过，我今天所讲的不消说都是些"老生常谈"，请勿见笑。我是主张学习国文应该着眼在文字的形式的，我所讲的方法也是关于形式方面的事情。打算分三层来说，（一）是关于词儿的，（二）是关于句子的，（三）是关于表现方法的。

先说关于词儿所当注意的事情，第一是词儿的辨别要清楚，中国的文字是一个个的方块字，本身并无语尾变化，完全由方块的单字拼合起来造出种种的功用。中国文字寻常所用的不过一二千个字，初看去似乎只要晓得了这一二千个字，就可看得懂一切的文字了，其实这是大错的。中国常用的文字数目虽有限，可是拼合成功的词儿数目却很多。例如"轻"、"重"两个字，是小学生都认识的，但"轻"字、"重"字和别的单字拼合起来，可以造成许多

词儿,如"轻率"、"轻浮"、"轻狂"、"轻易"、"轻蔑"、"轻松"、"轻便"都是用"轻"字拼成的词儿,"重要"、"重实"、"严重"、"厚重"、"沉重"、"郑重"、"尊重"都是用"重"字拼成的词儿,此外还可有各种各样的拼合法。这些词儿当然和原来的"轻"字"重"字有关联,可是每个词儿意思情味并不一样,老实说每个都是生字。你在读文字的时候必会和许许多多的词儿相接触,你在写文字的时候必要运用许许多多的词儿,词儿的注意,是很要紧的。中国从前的字典只有一个个的单字,近来已有辞典,不仅仅以单字为本位,把常用的词儿都收进去了。每一个词儿的意义似乎可用辞典来查考,但是你必须留意,辞典对于词儿的解释,是用比较意思相像的同义语来凑数的。譬如说"轻狂"和"轻薄"两个词儿,明明是有区别的,可是你如果去翻辞典,就会见"不稳重"或"不庄重"等类的共通的解释。这并不是辞典不好,实在是无可奈何的事。一个词儿的意义是多方面的,辞典当然不能一一列举,只能把大意用别的同义语来表示了。词儿不但有意义,还有情味。词儿的情味,完全要靠自己去领略,辞典是无法帮忙的。犹之吃东西,甜、酸、苦、辣是尝得出而说不出的。文字语言是社会的产物,词儿因了许多人的使用,各有着特别的情味,这情味如不领略到,即使表面的意义懂得了,仍不能算已了解了这词儿。再举例来说,"现代"和"摩登",意思是差不多的,可是情味大大不同。"现代学生"、"现代女子"并不就是"摩登学生"、"摩登女子"的意思。这因为"摩登"二字在多数人的心目中已变更了意义,"现代"二字不能表出它的情味了。又如"贼出关门"和"亡羊补牢"这两句成语,都是事后补救的譬喻,意思也差不多,但使用在文字语言里,情意也有区别。"贼出关门"表示补救已来不及,"亡羊补牢"表示尚来得及补救。这因为"亡羊补牢"一向就和"未为晚也"联在一处,而"贼出关门"却是说人家失窃以后的情形的缘故。对于词儿,不但要知道它的解释,还要懂得它的情味。你在读文字的时候,如果不

用这步功夫，那么你不但对于所读的文字不能十分了解，将来自己写起文字来也难免要犯用词不当的毛病。

　　上面所讲的是词儿的解释和情味两方面。关于词儿，另外还有一个方面值得注意，就是词儿在句子中的用法，这普通叫词性，是文法上的项目。我在前面曾经讲过，中国文字本身是一个个的方块字，一个词儿用做名词、动词、形容词、副词，有时候都可以的。譬如"上下"一个词儿，就有各种不同的用法，这里有几句句子："上下和睦"、"上下其手"、"张三李四成绩不相上下"、"上下房间都住满了人"，这几句句子里都有"上下"的词儿，可是文法上的词性各不相同。"上下"是两个单字合成的词儿尚且有这些变化，至于单字的词儿变化更多了。这些变化，在普通的辞典里是找不着的，你须得在读文字的时候随处留意。你已记得梅花、兰花的"花"字了，如果在读文字的时候碰到花钱的"花"字，花言巧语的"花"字，或是眼睛昏花的"花"字，都应该记牢，如果再碰到别的用法的"花"字，也应该记牢，因为这些都是"花"字的用法。你如果只知道梅花、兰花的"花"，不知道别的"花"，就不能算完全认识了"花"的一个词儿。

　　关于词儿，可说的方面还不少，上面所举出的三项，就是词儿的意义，情味，在句子中的用法，是比较重要的，学习的时候应该着眼在这些方面。

　　以下要讲到句子了。关于句子，第一所当着眼的是句子的样式。自古以来用文字写成的东西，不知有多少，即就诸君所读过的来说，也已很可观了。这些文字，虽然各不相同，若就一句句的句子看来，我认为样式是并不多的。我曾经有一个志愿，想把中国文字的句式来做归纳的统计，办法是取比较可做依据的书，文言文的如"四书"、"五经"，白话的如《红楼梦》、《水浒传》，句句地圈断，剪碎，按照形式相同的排比起来，譬如说"子曰"、"曾子曰"、"孟子曰"和"贾宝玉道"、"林黛玉道"、"武松道"归成一类，"不亦悦乎"、

"不亦乐乎"、"不亦快哉"归成一类,"穆穆文王"、"赫赫泰山"、"区区这些礼物"归成一类,"烹而食之"、"顾而乐之"、"垂涕泣而道之"归成一类,这样归纳起来,据我推测,句子的种类是很有限的。确数不敢说,至多不会超过一百种的式样。诸君如不信,不妨去试试。读文字,听谈话,能够留心句式,找出若干有限的格式来,不但在理解上可以省却力气,而且在发表上也可以得到许多便利。诸君读文言传记,开端常会碰到"××,××人"或"××者××人也"吧,这是两个式样,如果有时候碰到"一丈,十尺"或"人者仁也"不妨把它归纳起来当作一类的格式记在肚子里。诸君和朋友谈话,如果听到"天会下雨吧","我要着皮鞋了",就把它归纳起来当作一类格式来记住。

这样把句子依了式样来归并,可以从繁复杂乱的文字里看出简单的方法来,在学习上是非常切实有用的。此外尚有一点要注意,句子的式样是就句子独立着的情形讲的。一篇文字由一句句的句子结合而成,句子和句子的关系并不简单。平常所认定的句子的式样,和别的辞句连在一处的时候,也许可以把性质全然变更。譬如说"山高水长"这句句式和"桃红柳绿"咧,"日暖风和"咧,是同样的。但如果就上面加成分上去,改为"先生之风山高水长"的时候,情形就不同了。光是从"山高水长"看来,高的是山,长的是水,至于在"先生之风山高水长"里面,高的不是山,是先生之风,长的不是水,也是先生之风,意思是说"先生之风像山一般地高,水一般地长"了。这种情形,日常语言里也常可碰到,譬如,"今天天气很好","我和你逛公园去吧",这是两句独立完整的句子,如果连结起来,上一句就成了下一句的条件,资格不相等了。一句句子放在整篇的文字里和上文下文可以有种种的关系,连接的式样很多,方才所举的只不过一二个例子而已。读文字的时候对于每一句句子不但要单独的认识它,还要和上下文联结了认识它,自己写作文字的时候,对于每一句句子不但要单独地看来通得过,还要合着上下文

看来通得过。尽有一些人,在读文字的时候,逐句懂得,而贯串起来倒不清楚,写出文字来,逐句看去似乎没有毛病,而连续下去却莫名其妙,这都是未曾把句子和句子的关系弄明白的缘故。

上面已讲过词儿和句子,以下再讲表现的方法。文字语言原是表现思想感情的工具,我们心里有一种意思或是感情,用文字写出来或口里讲出来,这就是表现。表现有各种各样的方法,同是一种意思或感情,可有许多表现的方式。同是一句话,可有各种各样的说法。譬如说"张三非常喜欢喝酒",这话可以改变方式来说,例如"张三是个酒徒"咧,"张三是酒不离口"咧,"酒是张三的第二生命"咧,意思都差不多,此外不消说还可有许多的表现法。"晚上睡得着"一句话可以用做"安心"的表现;骂人"没用",有时可以用"饭桶"来表现,有时可以用反对的说法,说他是"宝贝"或"能干"。意思只是一个,表现的方法却不止一个,在许多方法之中究竟哪一种好,这是要看情形怎样,无法预定的。读文字的时候最好能随时顾到,看作者所用的是哪一种表现法,用得有没有效果?自己写作文字,对于自己所想表现的意思,也须尽量考虑,选择最适当的表现法。

文字语言的一切技巧,可以说就是表现的技巧。写一件事情、一种东西或是一种感情,用甚么文体来写,先写甚么,后写甚么,写得简单或是写得详细,诸如此类,都是表现技巧上的问题。所以值得大大地注意。

我在上面已就了词儿、句子、表现法三方面,分别说明应该注意的事情,这些都是文字的形式上应该着眼的。诸君学习文字,我觉得这些就是值得努力的地方。

末了,我劝诸君能够用些读的功夫。从前的读书人,学习文字唯一的方法就是读。自有学校教育以来,对于文字往往只用眼睛看,用口来读的人已不多了。其实读是很有效的方法,方才所举的关于词儿、句子、表现法等类

的事项,大半是可在读的时候发见领略的。我认为诸君应该选择几篇可读的文字来反覆熟读,白话文也可以用谈话或演说的调子来读。读的篇数不必多,材料要精,读的程度要到能背诵。读得熟了,才能发见本篇前后的照应,才能和别篇文字做种种的比较。因为文字读得会背诵以后,离开了书本可随时记起,就随时会有所发见,学习研究的机会也就愈多了。不但别人写的文字要读,自己写文字的时候也要读,从来名家都用过就草稿自读自改的苦功。

关于国文的学习,可讲的方面很多。时间有限,今天所讲的只是这些。我对于中学国文教学,曾发表过许多意见,有两部书,一部叫《文心》;一部叫《国文百八课》,都是我和叶圣陶先生合写的,诸君如未曾看到过,不妨参考参考。

先使白话文成话 *

"五四"以来的白话文，因为提倡者都是些本来惯写文言文的人们，他们都是知识阶级，所写的文字又都是关于思想学术的，和大众根本就未曾有过关系，名叫白话文，其实只是把原来的"之乎者也"换了"的了吗呢"，硬装入蓝青官话的腔调的东西罢了。凡事先入为主，白话文创造不久就造成了那么的一个腔壳，到今日还停滞在这腔壳里。当时提倡白话文的人们有一句标语叫"明白如话"。真的，只是"如话"而已，还不到"就是话"的程度。换句话说，白话文竟是"不成话"的劳什子。

白话文最大的缺点就是语汇的贫乏。古文有古文的语汇，方言有方言的语汇，白话文既非古文，又不是

---

　　*　刊《文言、白话、大众语论战集》(1934 年 9 月)。

方言,只是一种蓝青官话。从来古文中所用的辞类大半被删去了,各地方言中特有的辞类也完全被淘汰了,结果,所留存的只是彼此通用的若干辞类。于是写小说时一不小心,农妇也高喊"革命",婢女也满嘴"恋爱"了。编成戏曲的说白可以使台下人听了莫名其妙。

举一例说,现在白话文里所用的"父亲"、"母亲"二语,就很可笑。实际上我们大家都叫"爸爸",叫"爷",叫"爹",叫"娘",叫"妈",或叫"姆妈",决不叫"父亲"、"母亲"的。可是白话文里却要用"父亲"、"母亲"的称呼,甚至于连给六七岁小孩读的初小教科书里,也用"父亲"、"母亲"字样。"爷娘妻子走相送",唐人诗中已叫"爷娘"了,我们现在倒叫起"父亲"、"母亲"来,这不是怪事吗?

要改进白话文,要使白话文与大众发生交涉,第一步先要使它成话。

现在的白话文,简直太不成话了,用词应尽量采取大众所使用的话语,在可能的范围以内尽量吸收方言。凡是大众使用着的话语,不论是方言或是新造语,都自有它的特别情味,往往不能用别的近似语来代替。例如:"揩油"在上海一带已成为大众使用的话语,自有它的特别的情味,我们如果嫌它土俗,用"作弊"、"舞弊"等话来张冠李戴,就隔膜了。方言只要有人使用,地方性就会减少。如"像煞有介事"一语,因使用的人多,已有普遍性了。此后的辞典里,应一方面删除古来的死语,一方面多搜列方言。

放弃现成的大众使用着的话语不用,故意要用近似的语言来翻译一次,再写入文中去,这就是从来文言文的毛病。白话文对于这点虽然痛改,可惜还没有改革得彻底,结果所表达的情意还不十分亲切有味。我有一个朋友,未曾讨老婆,别人给他做媒的时候,他总要问:"那女子是否同乡人?"他不愿和外省的女子结婚。理由是:如果老婆不是同乡人,家庭情话彼此都须用蓝

青官话来对付,趣味是很少的。这话很妙。现在的白话文,作者与读书间等于一对方言不通的情侣,彼此用了蓝青官话来做喁喁的情话,多隔膜,多难耐啊!

现在的日本语，除语助词和语尾变化用假名（日本的注音符号，其功用和我国的注音字母同）写着外，大部份都用汉字。在古代的日本书里假名用得很少，有的竟全用汉字，所以一向中日有"同文"之号。但日本语虽大部用汉字表出，读法是不同的。用罗马字音把"长崎"读作 Nagasaki，把"人"读作 hito（训读）jin 或 nin（音读），把"物"读作 mono（训读）或 butsu（音读）才是日本语。如果把"味の素"（ajinomoto）读作"味四素"，便不成话。把"铃木内阁"（Suzuki naikaku）读作"铃木内阁"，虽然成话，究竟仍不是日本语。在西洋人的报章或日语上遇到日本的人名、地名或日本特有的名词时，必以日本语原音拼出了来表示。如"广田"

做 hiroda,"神户"做 kobe,"浮世绘"做 ukiyoe,他们没有汉字,不得不用日本原音,虽然麻烦,倒和日本语相合。我们因为有汉字之故,往往依汉字的读音来说,结果所说的仍是中国语,就和日本语相差很远。

这情形古人似乎早知道,古籍中曾有把日本原音记录下来的,如《后汉书·东夷传》:

> 倭在韩东南大海中,依山岛为居,凡百馀国。自武帝灭朝鲜,使驿通于汉者三十许国,国皆称王,世世传统,其大倭王居邪马台国。(章怀注云,按今名邪摩堆,音之讹反。)
>
> 行来渡海,令一人不栉沐,不食肉,不近妇人,名曰持衰,若在涂吉利,则雇以财物,如病疾遭害,以为持衰不谨,便共杀之。
>
> 桓灵间倭国大乱,更相攻伐,历年无主,有一女子名曰卑弥呼,年长不嫁,事鬼神道,能以妖惑众,于是共立为王。

"邪马台"(按《隋书》和《北史》均做"邪靡台")当是"大和"yamato 的译音,这依章怀注,"马"读"摩","台"读"推之讹反"更明显。"持衰"疑是"持斋"jisai 的译音,把"斋"写做"衰",目的似为保存原来的语音。至于"卑弥呼"当然是直接的人名音译了。此三语实为日本语见于汉籍之最早者。

次之,是《三国志·魏书》中的《倭人传》,为倭人设专传,始于《三国志》,记述较《后汉书·东夷传》详得多。那里有许多地名人名,尤可注意者是官名。

> 从郡至倭,循海岸水行历韩国,乍南乍东,到其北岸狗邪韩圉,七千馀里始度一海,至对马国,其大官曰卑狗,副曰卑奴母离,所居绝岛,方

可四百馀里。……

据日本某考证学者说,"卑狗"读作 hiko,"卑奴母离"读作 hinamori,是对马,壹岐地方的官名。

到了隋唐时代,日本与中国之间交通更频繁了。日本语流入中国者当更多。可是在史传中所新见到的也只是寥寥数语。

> 开皇二十年倭王姓阿每,字多利思北孤(按《宋史·日本传》作"名自多利思比"),号阿辈鸡弥,遣使诣阙。……王妻号鸡弥,后官有女六七百人,名太子为利歌弥多弗利。无城郭,内官有十二等……有军尼一百二十人,犹中国牧宰。八十户置一伊尼翼,如今里长也。十伊尼翼属一军尼。
>
> ——《隋书·倭国传》

> 其国居无城郭,以木为栅,以草为屋,四面小岛五十馀国皆附属焉。其王姓阿每氏。
>
> ——《旧唐书·倭国传》

日本皇室无姓,这里面的"阿每",据日本某学者说,当是"天"ame 之译音。"鸡弥"疑是"君"kimi 之译音。"利歌弥多弗利"、"伊尼翼"、"军尼"均未详。

以上所举,都是史传中的记录。其实隋唐以后,中国人与日本人交通机会益多,如果民间有人把日本语记录下来,其数目当远在史传所收者之上。试看宋时罗大经所作的笔记《鹤林玉露》卷四中就有一段记录,收罗着二十个日本语。

　　余少年时,于钟陵邂逅日本国一僧,名安觉。自言离其国已十年,
欲尽记一部藏经乃归。念诵甚苦,不舍昼夜,每有遗忘,则叩首佛前,祈
佛阴相。是时已记藏经一半矣。……僧言其国称其国王曰天人国王,
安抚曰牧队,通判曰在国司,秀才曰殿罗罡,僧曰黄榜,砚曰松苏利必,
笔曰分直,墨曰苏弥,头曰加是罗,手曰提,眼曰媚,口曰窟底,耳曰弭
弭,面曰皮部,心曰毋儿,脚曰又儿,雨曰下米,风曰安客之,盐曰洗和,
酒曰沙嬉。

这段记录,很足重视。其中如"僧曰黄榜"(obo),"笔曰分直"(fude),"墨曰苏
弥"(sumi),"头曰加是罗"(kashira),"手曰提"(te),"眼曰媚"(me),"口曰窟
底"(kuchi),"耳曰弭弭"(mimi),"雨曰下米"(ame),"盐曰洗和"(shio),现在
的日语读法完全相同。也有大同小异的,如砚曰"松苏利必",今则读 suzuri,
无"必"字音,"酒"今读 sake,不读"沙嬉"(sashi),这也许是日本语本身古今
有变迁,或所注中国方言语音,因空间时间有不同的缘故。其馀未详。

　　用汉字的音来注日本语,原是不得已的办法,当然不能十分准确。前人
所加的音注,我们念起来容易走样。如果用日本的假名来注音,就不会有这
毛病了。日本的四十八假名,流入中国的年代不可考。最初的记载,见于元
末明初陶宗仪所著的《书史会要》,称之曰"以路法"(今称"伊吕波")。据说
陶氏在禅寺中邂逅一个名叫克全字大用的日本僧,"以路法"的读音,就从这
位僧人习得的。陶氏在《书史会要》也曾附收着"天地山水"等十个日本语。

　　把日本语重视,加以讨究,广泛介绍到中国来的,要算明代中叶。明代
受倭寇的刺激,故在嘉靖万历间有不少关于日本研究的书。这些书于叙述
日本地理、风俗、习惯以外,还附带介绍日本的语言,把日本语分门别类,作
成一部语汇,以便检查。如:

《日本考略》 （薛俊著）　　　　收日语二五八个　　分十五类

《筹海图编》 （胡宗宪著）　　　收日语二五八个　　分十五类

《音韵字海》 （周钟等著）　　　收日语三八九个　　分十五类

《日本考》　　（李言恭、郝弈著）收日语一一八六个　分五十六类

《日本一鉴》 （郑舜功著）　　　收日语三四〇一个　分十八类

《武备志》　　（茅元仪著）　　　收日语三五八个　　分十五类

这些书的著作，目的全在通晓倭情，冀收防寇之用，原不是研究日本语的专书。可是在四百年后的今日，我们翻阅之馀，其精博颇为可惊，想不到古人在四百年前已有这样的成就。

试就《日本考》一书来看。该书共五卷。第一卷为日本国图与倭国事略。第二卷述日本的官制、风俗、产物等。第三卷为以路法字样与歌谣。第四卷为语音。第五卷为文辞、诗赋、山歌、琴及象棋、围棋、双陆等技艺。第三卷第四卷固然全是属于言语方面的不消说了。其馀各卷的记载，也都随处用着日本的原语音，如第二卷《时令》一篇说：

> 新正曰少完之，正字呼为少，完之即月。……朔日贺岁，口称红面的例。……元宵曰默之寿五……三月三日，九月九日曰设孤……端午日少蒲……于七月半中元节，大家小户，皆拽升天灯于高竿，名曰拖录……

"少完之"读作 shogutsu，"红面的例"当是"红面的倒"Omedeto 之讹。"默之寿五"读作 mochijugo，"设孤"即节句（令节之意）读作 sekku，"少蒲"即菖蒲，读作 shobu，"拖录"，即灯笼 toro 之译音。

书中对于一般的叙述，尚这样地保存着日本语，至于直接介绍语言的部份,当然可知了。为使读者一窥原书的样子计,把原书二面制图附入。第一图从卷四中选出,是语汇的一部份,第二图从卷五中选出,上面写着一首山歌。

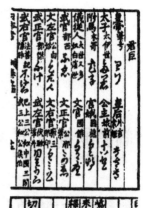

明人对于日本的研究,在言语方面有如此的成就,不消说由于防卫上的需要。最近五十年来,日本侵华,咄咄逼人。我国赴日本留学的先后达数十万人,到日本考察,在日本经商的更不知有多少。可是关于日本的研究,除黄遵宪的《日本国志》、戴传贤的《日本论》等寥寥几本外,可举的有几?比起日本人研究我国的著述来,数量上真有天渊之差。至于论到语言研究方面,懂日语的人也不算少了,竟没有甚么像模像样的东西,甚至连一本字典也找不出,真是可以愧死。

双字词语的构成方式 *

　　我国文字是一个个的方块字,词与语都用这方块字来做。每个词语的字数不等,最少的是一个字,多的在双字以上,其中以双字的为最多,尤其在近代是这样。现今的言语文章之中,凡是古人用一字来表达的词语,大都改成双字,如"朋"与"友"在古代是单独使用的,今则做"朋友"或"友人"了。"道"的一字古人有时用以表"理",有时用以表"路",有时用以表"法术",有时用以表"称说",今则分别说做"道理"、"道路"、"道术"、"称道"了。不但如此,甚至本来是字数很多的词语,便利上也都把它任意割截缩成双字来说。如"台湾胞"叫"台胞","中央宣传部"叫"中宣","中国共产党",叫"中共","国际联盟"叫"国联"之类都是。双字词语

　　* 刊《国文月刊》第四十一期(1946 年 3 月 20 日)。

可以说是造句的基本材料,于语汇中占有很大的地位,在语文学上是值得研究的一个方面。本文所想讲的只是其结构的式样。

甲　本来双字的

有些词语,本来就是双字,不能分析解剖的,其中有下列几种:

（1）　外来语　如：琵琶　　秋千　　喇叭　　玻璃

（2）　方　言　如：阿堵　　宁馨　　劳什　　於菟

（3）　连绵字　如：绸缪　　盘桓　　徜徉　　栗六

（4）　拟　音　如：欸乃　　丁东　　隆隆　　劈拍

（5）　感　叹　如：呜呼　　夥颐　　啊唷　　呵呵

这类的双字词语都是声音的直写,在字的本身别无意义可寻,故用字也可不必一致,如"秋千"可写作"鞦韆","盘桓"可写作"徘徊""裵裴","丁东"可写作"丁冬","呜呼"可写作"於戏""乌虖"。

乙　附加一字于本字而成的

双字词语除了上面本来双字的以外,以合成的居多。合成的双字词语之中,有附加一字于本字而成的,附加的方式有下面几种:

（6）　接头　如：有夏　於越　老虎　阿娘

（7）　接尾　如：石头　瓶儿　金子　鞋子(a)

　　　　　　　　　勃然　菀尔　突如　确乎(b)

"有夏"等于"夏","老虎"只是"虎","石头"只是"石",上下所附加的字,并无

意义,无非凑成双字而已。"然"、"尔"、"如"、"乎"也都是语尾。

(8) 附量 如: 纸张 船只 马匹 银两 案件

纸以"张"计,"张"是纸的量词,船以"只"计,"只"是船的量词,馀同。本字与量词合成双字者很多,如"人员"、"热度"、"水分"等都是。

(9) 带数 如: 三友 百事 万卷 一杯(a)

三楼 四号 二哥 五更(b)

同是带数,(a)例与(b)例不同,"三友"真有三个友,而"三楼"却只指一楼,是第三层楼房的意思。前者叫计数,后者叫序数。

(10) 限义 如: 菊花 毛笔 书房 石板(a)

我国 彼邦 此人 乃兄(b)

大国 黄鱼 富豪 仁人(c)

走狗 画像 卧床 摇篮(d)

上述四种,是用上一字来限定下一字的意义的。在上面的都是形容词。其中(b)、(c)二式,语义确定。(a)、(d)二式则因了用法,有歧义可以发生。(a)式是以名词为形容词的,解释最为复杂,如以"书"字为形容词,就"书价"、"书包"、"书店"、"书生"、"书声"等来看,就可知道。"书价"是书的价值,"书生"是读书的人,同一"书"字,含义大不相同了。(d)式是以动词为形容词的,也可因了用法解释不同,"画像"一语就可有两种解释,如"这是一幅画像,不是照相","某画家为我画像",同是"画像"二字,用法不同。

(11) 副状 如: 大叫 痛打 急行 酣睡(a)

抢救 坐视 卧游 走访(b)

风行 壁立 蜂起 牛饮(c)

雷同 漆黑 冰冷 火急(d)

国营 民选 省立 官办(e)

176

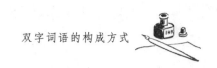

这是在动词形容词上加副词的方式(a)、(b)二式甚明显。(c)、(d)二式因为以名词为副词的缘故,会有歧义。如"牛饮"在这里是做"牛喝水一般地饮",在他处也许可作为一句,解作"牛喝水"。"冰冷"和"桃红"、"柳绿"一样,可成独立句,但在这里却该解作"冰一般冷"。"山高水长"本是独立的二句,但如果说"先生之风,山高水长"。就成为"山一般高,水一般长"的意思,应该归入本项的(d)式了。(e)式是比较新创的词语,意义简单明白。

(12) 因果 如:打倒 推翻 洗清 病死
上式上一字与下一字成因果关系。有两种看法。如"打倒"二字,可解作"打到倒为止",这时"倒"为"打"之副词。但有时亦可解作"因打而倒",这时"打"就转而为"倒"之副词了。

丙 上下二字等列的

合成的双字词语之中,又有上下二字等列,不相从属的。其方式有下面几种:

(13) 复叠 如: 日日 人人 处处 树树(a)

来来 吃吃 看看 试试(b)

大大 小小 远远 薄薄(c)

绰绰 断断 一一 寥寥(d)

此四式中,(a)、(c)、(d)三式都意义明确。惟(b)式可有二义。(b)式是以动词复叠的,如"看看",可以解作"看一看",也可解作"随时连续看"。"这幅画请你看看"属于前者,"无事时就看看书"属于后者。

(14) 类同 如: 房屋 器皿 图画 师傅(a)

行动 买办 保管 表示(b)

　　　　　光亮　宽大　繁多　仁厚(c)

　　上三式中,(b)式是以动词合成的,可有二义,"买办"本是一种动作,有时亦可用以表动作的人,如"洋行买办"。其他如"稽查"、"经理"、"编辑"、"校对"、"书记"、"教授"、"监督"等名称,都该属于这一项。

　　(15)　反对　如:行止　买卖　来往　兴亡

　　　　　　　　　　善恶　是非　邪正　贵贱(a)

　　(16)　并列　如:耳目　笔墨　党国　鱼肉(b)

上二项,论其结构是相同的,"行止"是"行与止","善恶"是"善与恶","耳目"是"耳与目",不过一是上下二字意义相反,一则不相反,所以分列为二项。并列一项是名词与名词的结合,可有歧义。如"党国"可解作"党与国"也可解作"党的国","鱼肉"可解作"鱼与肉"也可解作"鱼的肉"。

丁　由句或兼词而成的

　　合成的双字词语中,有一种是句子。句子有主语与述语二部份,以自动词形容词为述语的句子原可以双字完成,而以他动词为述语的句子,因为下面要带宾语(目的格)之故,至少要用三个字来构造。因此只好把主语省略,使成双字。这种无主语的句,文法上叫做兼词。

　　(17)　整句　如:水落　石出　牛鸣　鱼跃(a)

　　　　　　　　　　花好　月圆　山高　水长(b)

上二式都可有歧义,如(a)式中"牛鸣"可以解作"牛叫",也可以解作"牛一般地叫","鱼跃"是"鱼跳",但"雀跃"却是"雀一般地跳"了。(b)式中之"山高"、"水长"亦然。参照(11)副状项(c)、(d)。

　　(18)　兼词　如:读书　吃饭　管家　执政

这是他动词带宾语的格式,所表达的本是一种行动,但颇多歧义。有时用以指人,如"管家"可解作"管家的人",为佣人之称,"执政"可做"主持政柄者"的称号。许多职司名称如"相国"、"掌柜"、"将军"、"督学"都属此类。有时又可以用以指物,如文房具中有"镇纸",菜肴叫"下饭",收藏文件的纸夹叫"护书",裹扎腿部的布叫"裹脚"。

戊　由分析或割截而成的

双字词语除了上面本来双字与合成双字的以外,尚有矫揉造作而成者,有分析与缩截二种。分析是把一字分成双字,缩截是把多字缩约为双字。

（19）　析音　如：不律　蒺藜　窟窿　勃阑

这是把一个字音延长,分析成为二音的方式,"不律"是"笔","蒺藜"是"茨","窟窿"是"孔","勃阑"是"槃"。在元人戏曲唱词中,常遇到这种的双字词语。

（20）　析形　如：丘八　八乂　言午　立早

这是把一个字形分析成为二字的方式,"丘八"是"兵","八乂"是"父","言午"是"许","立早"是"章"。廋词及江湖切口语中多见此式。

（21）　缩截　如：无电　北大　中委　文协

"无电"是"无线电"之略,"北大"是"北京大学"之略,"中委"是"中央执行委员"之略,"文协"是"文艺协会"之略。这种缩截的方法,古代早有,如把"司马迁"缩作"司迁"、"马迁",把"诸葛亮"缩作"葛亮"就是。

*　*　*

以上把双字词语列成五大类,二十一项,有的每项更分为若干式。双字词语的构成方式由此可得到一个大概,但只是个大概而已。若再细加考察,

必可更有新的发见。至于各式彼此也有关联之处,如"马班史笔"中之"马班",就缩截一点说,可属(21)式,若就其合成方式说,是并列,应属(16)式。又如(17)中之(a)、(b)二式,与(11)中之(c)、(d)二式,亦有相通之点。仔细研究起来,兴味是很多的。

中華書局

初版责编　夏文芳　王瑞玲